# O viés do acaso

Regina Moraes

# O viés

# do acaso

Histórias de como o destino entrelaça vidas e muda suas trajetórias

NOVA ERA

CIP-BRASIL. CATALOGAÇÃO-NA-FONTE
SINDICATO NACIONAL DOS EDITORES DE LIVROS, RJ

Moraes, Regina
M823v O viés do acaso: histórias de como o destino entrelaça vidas e muda suas trajetórias / Regina Moraes. – Rio de Janeiro: Nova Era, 2010.

ISBN 978-85-7701-303-6
1. Acaso – Ficção. 2. Ficção brasileira. I. Título.

09-2077 CDD: 869.93
CDU: 821.134.3(81)-3



Capa, projeto gráfico e diagramação: Julio Moreira
Ilustração do miolo: Igor Campos


Rua Argentina, 171 – Rio de Janeiro, RJ – 20921-380 – Tel.: 2585-2000

---

Impresso no Brasil

ISBN 978-85-7701-303-6

Dedicatória

# *Às mulheres da minha vida...*

(...) eu deixava assim o meu paraíso perdido, mas pertencendo-lhe para sempre... Foi ali que eu cavei com as minhas pequenas mãos ignorantes esse poço da infância, insondável na sua pequenez, que refresca o deserto da vida e faz dele para sempre, em certas horas, um oásis sedutor. As partes adquiridas do meu ser, o que devia a este ou àquele, hão de dispersar-se em direções diferentes; o que, porém, recebi diretamente de Deus, o verdadeiro eu saído das suas mãos, este ficará preso ao canto de terra onde repousa aquela que me iniciou na vida. Foi graças a ela que o mundo me recebeu com um sorriso de tal doçura que todas as lágrimas imagináveis não mo fariam esquecer. Massangana ficou sendo a sede do meu oráculo íntimo: para impelir-me, para deter-me e, sendo preciso, para resgatar-me, a voz, o frêmito sagrado, viria sempre de lá. *Mors omnia solvil...* tudo, exceto o amor, que ela liga definitivamente.

Joaquim Nabuco

Fui criada e educada por mulheres. Tive uma mãe biológica, Elza, que nunca se afastou de mim e me ensinou na alegre convivência que vale a pena viver, e duas mães de criação: uma cafuza, de pele negra, Dedé Jandira, filha de escrava, que nasceu após a Lei do Ventre Livre. A outra se chamava Maria Mocinha, era branca e filha de uma família que tinha sido dona de engenho em Campos, no estado do Rio de Janeiro. Na minha alma de filha, elas eram três amigas, com quem aprendi muito do que sei hoje. Vivíamos juntas na mesma casa, no bairro carioca de Lins de Vasconcelos, a Massangana do meu oráculo íntimo.

Quando digo três mães, não falo por falar, é que fui amamentada, alimentada, mimada, embalada e ensinada por essas três mulheres, debaixo do mesmo teto. Acompanharam minha infância e adolescência e me ensinaram a ser!

Minha mãe Elza era muito alegre, uma mulher à frente do seu tempo. Gostava de namorar, dançar, seguia todas as religiões, era brincalhona, falava muito palavrão e, com o seu jeito brincalhão, angariou a antipatia e o desrespeito de muitos homens e mulheres.

Já Dedé Jandira e Tia Mocinha eram espíritas e dirigiram por 60 anos um Centro Espírita. Cresci em meio a essas mulheres ouvindo suas conversas, depoimentos, histórias fantásticas... Quando eu acordava chorando de noite, com pesadelos, Dedé Jandira dizia:

– Não tenha medo da cara feia do sonho, existem seres que só podem se aproximar de nós com uma máscara de terror. Se eles pudessem se apresentar chorando, pediriam que você orasse por eles, pois é isso que querem.

Minha mãe Elza nasceu em 1913; Dedé Jandira e Tia Mocinha, por volta de 1875. Eu as amei e amo profundamente. Elas são, parafraseando Joaquim Nabuco, a mais profunda marca na minha alma, e por mais que o tempo passe, o amor permanece e fica cada vez mais lúcido e forte. Com os anos, descobri que o amor é do tamanho da saudade, e cresce e preenche, criando recursos inimagináveis.

Existe, por certo, um excesso de mulheres dentro de mim, pois minha avó materna teve oito filhas, que também influenciaram muito na minha educação. Eu cresci na barra da saia delas, na cidade fluminense de Campos, e nos bairros da Penha, São Cristóvão e Cachambi, no Rio de Janeiro.

Tenho três irmãs: Carolina, Oswaldina e Ieda. Tenho dois filhos: Rosa e Carlos. Tenho seis sobrinhos, dos quais quatro são homens. A vida está se incumbindo de misturar um pouco a minha alma.

Não sou feminista, dentro do conceito capitalista da palavra, mas tenho a noção muito demarcada de que ser mulher é uma outra forma de estar no mundo, uma outra forma de existir solidariamente, enfim, é uma outra aparência do Amado, louvado seja o Seu nome!

**Regina Moraes**

# *Sobre o livro "O viés do acaso"*

*O viés do acaso* **é um livro** de ficção que se desenvolve em 17 histórias, por meio das quais os personagens se encontram, interagem, numa rede social semelhante ao que acontece na vida de cada um. Uma trama os envolve e os mantém misteriosamente conectados entre si.

Cada história tem ligação com o todo, razão pela qual não se deve ler o livro de forma aleatória, e sim desde o início, um relato depois do outro, pois a perda de uma informação pode ser determinante para o entendimento do todo.

O livro tem uma natureza mística e, com certeza, as histórias fazem parte do inconsciente coletivo, pois

tive acesso a elas em um momento muito delicado de minha vida, em que a meditação foi capital, em todos os sentidos que esta palavra possa ter.

Espero que por intermédio das histórias o leitor entre em contato com o sentido da espiritualidade que une anjos e humanos e que, a partir de suas próprias trajetórias, renovem no dia a dia o enlace inconsútil que une todos os seres.

Quero ressaltar que ao tecer relações entre diferentes mitos procurei atender ao pedido de André Maulraux,[1] que afirma que "a tarefa deste século, perante a mais terrível ameaça já conhecida pela humanidade, vai ser a de reintegrar os deuses".

Embora este livro não seja sobre Cabala,[2] ele tem nela seu alicerce, pois procura ressaltar a importância desse conhecimento na aquisição da autonomia do espírito, que no corpo liberta-se, assumindo sua grande responsabilidade com o todo.

Apenas algumas palavras finais: todos os personagens são fictícios, e seus nomes foram inventados por mim, mas devo confessar que a inspiração só me vinha depois de escolher corretamente os nomes. Em várias ocasiões aconteceu de eu atribuir determinado nome ao personagem e, creiam-me, a história não se desenrolava, como se os personagens tivessem uma autonomia, uma identidade, que eu deveria reconhecer para poder escrever suas vidas.

Espero que este livro traga esperança e fé, porque foi com esses sentimentos que escrevi.

Carinhosamente,

Regina Moraes

# Notas

1. Citado por Edgard Morin em seu livro *Nomes dos deuses*, publicado pela Editora UNESP de São Paulo, no ano de 2000.
2. A Cabala origina-se nos longínquos tempos dos grandes profetas e pode ser entendida como um mapa psíquico-sensorial-espiritual-cognitivo para o entendimento do ser humano consigo mesmo e com a vida. Alguns afirmam que Moisés foi seu criador, enquanto outros dizem que foi Abraão. Para o estudioso da Cabala, ela fornece um método de estudo por meio do qual é possível relacionar espiritualidade e vida prática; ciência, religião e liderança pessoal; espiritualidade, religiosidade e saúde. Sistematizada no símbolo da Árvore da Vida, a Cabala apresenta 32 Inteligências como um caminho para o crescimento do ser humano. É notório que a Cabala fornece chaves para o aprimoramento de um pensamento ético, pois apresenta um modelo de habilidades e competências para o desenvolvimento pessoal e do relacionamento interpessoal. Para aprofundar-se sobre o assunto o leitor pode recorrer ao livro *32 tipos de inteligência*, publicado pela Editora Nova Era.

# Sumário

15. Narciso Negro
29. As cartas da sorte
37. A diáspora
51. O relógio de pêndulo
61. A casa das 32 portas
77. O efêmero e o duradouro
85. As águas de Iracema
99. Fantasmas e contradições
111. As mulheres do Matosinho
123. Um tribunal de mulheres
129. O túnel do tempo
133. Um jogo de xadrez com a morte
141. O anjo Rafael
159. Ranael – O anjo feminino
165. Tzanael – Anjo da paz
169. O começo e o fim do destino individual
175. Vitória

# Narciso Negro

**Era quinta-feira, 15h22,** e me vejo caminhando pela avenida Nossa Senhora de Copacabana, assustada com o que acabara de descobrir. Ao mesmo tempo, sentia uma intensa necessidade de aplicar lógica aos eventos que me envolveram e me levavam a compreender os fatos da minha vida, os quais, até bem pouco tempo, eu considerava pura obra do acaso.

Na verdade, eu não sabia explicar o que havia acontecido e que me levara àquele estado alterado de ser. Talvez pudesse dizer que fora em decorrência dos anos e anos de busca incansável rumo à minha identidade, ou então explicar que, de repente, ocorrera uma falha no inconsciente e todas as impressões de vidas anteriores se apresentavam nitidamente numa linha de tempo sequencial, permitindo-me a lembrança do passado recente e de eventos muito remotos, que aconteceram há centenas de anos.

Ao mesmo tempo em que se tratava de uma realidade fantástica, tudo também se me afigurava muito natural: eu podia lembrar-me de meus nomes anteriores, pessoas, circunstâncias e eventos que constituíram minha história ao longo de várias existências, entrelaçadas por um fio tênue, numa teia sem costuras.

Como tudo ocorreu? Na verdade, eu estava num dia de folga da universidade e caminhava pela avenida Nossa Senhora de Copacabana, olhando as vitrines, sem vontade de entrar nas lojas; apenas queria olhar as roupas, os sapatos e tudo mais. Enquanto eu passava os olhos pelas vitrines, fui envolvida pela beleza e elegância de tudo e, tomada por um puro sentimento estético, entrei em uma loja de perfumes importados para me inebriar com os perfumes raros ali expostos.

Uma vendedora da loja, ao me ver entrar, dirigiu-se imediatamente a mim, com gentileza.

– Deseja alguma colônia ou perfume específico?

– Por enquanto, quero apenas sentir as fragrâncias.

– Pois não. Vou apresentar-lhe uma essência que está sendo lançada no mundo inteiro. A promotora da fragrância não está no momento, mas vou lhe mostrar. Chama-se Narciso Negro.

A vendedora aplicou o perfume numa tira de cartolina e me ofereceu para senti-lo mais de perto. Lembro-me de que havia um relógio dourado preso à parede no fundo da loja ampla e sofisticada. O relógio marcava 15h35, quinta-feira.

– Que lindo relógio.

Ela continuava com a tira de cartolina estendida e eu a peguei calmamente.

– Nossa, que perfume!

O aroma penetrou em meu ser e tomou-me por inteiro, e nesse momento lembranças indescritíveis tomaram minha mente, como se eu adentrasse domínios insuspeitados de mim mesma, que denotavam que o meu verdadeiro ser era para mim inteiramente desconhecido.

– A senhora está bem? O que houve?

Eu não sabia explicar o que estava ocorrendo. Eu olhava para a loja, para a moça que estava me atendendo, e tudo me parecia fora de contexto. Apesar do que estava sentindo, agradeci à jovem, disse-lhe que voltaria outra hora para comprar o perfume e saí para a rua para andar e ver se conseguia organizar as ideias.

Como estava na rua, não quis aprofundar as lembranças que me vinham à mente, tão claras que pareciam ter se sucedido apenas alguns instantes antes. Era como se eu as tivesse vivido na véspera e, no entanto, eu sabia que pertenciam a um passado remoto. Eu realmente me sentia em um estado alterado de ser, queria chegar rapidamente em casa, estava assustada, não dominava o que estava acontecendo na minha mente; queria poder parar e, apesar do medo, me deixar conduzir pelos eventos, permitindo que as lembranças aflorassem.

Ao entrar em casa, tranquilizei-me, pois me sentia mais segura. Meu marido estava viajando e só chegaria no dia seguinte. Recostei-me no sofá e as lembranças de um passado muito distante invadiram minha consciência.

**Era o ano de 64 d.C.**, e lembro-me de que a cidade estava inteiramente entregue às milícias do imperador, que buscavam com ânsia desmedida aqueles que se diziam gnósticos. Todos que não professassem o culto aos deuses do império seriam considerados inimigos, devendo morrer em suplício, deixados à mercê de bestas selvagens, despedaçados por cães, crucificados ou queimados.

Vários filósofos, estudiosos e homens importantes do império, donos de mentes obscuras, afirmavam que nenhum conhecimento poderia trazer a liberdade ao povo inculto. Perguntavam-se: "Como o povo ignorante e nascido plebeu por ordem dos deuses poderia aprender?" Consideravam uma blasfêmia, uma heresia, que pelo conhecimento se quisesse igualar o povo à elite. Julgaram que a horda estava indo longe demais e que os mestres e toda a gente que os seguisse deveriam ser presos e, de uma vez por todas, afastados do convívio da sociedade. Definitivamente, eles constituíam um perigo para o império.

Na noite de 18 de julho de 64 irromperam incêndios em vários pontos da cidade, mas muitos de nós já havíamos chegado à gruta onde nos reuníamos com o rabi Yaakov.

Pôntico, meu irmão, chegou correndo, dizendo que o rabi tinha sido preso. Urbano, Apolônio e Túlio foram os últimos a chegar e nos deram a notícia de que ele estava sendo conduzido aos jardins do palácio do imperador para servir de alimento às feras, em um espetáculo aberto ao povo.

Estávamos desolados e Túlio não encontrava as palavras para me consolar.

– Não chore Blandina, precisamos ficar lúcidos.

– Por que tudo isso? Que mal faz a mente esclarecida? O conhecimento? Por que nos proíbem de olhar os céus e ir além das estrelas visíveis? Por que é crime entender a criação? Onde está escrito que o conhecimento é privilégio divino da elite?

– Não se esqueça, querida amiga, que o conhecimento liberta o espírito da prisão, e o corpo progressivamente se torna ágil e capaz de ajudar a derrubar os impérios. É um fato também que o conhecimento se propaga de pessoa a pessoa e, quando se vê, muitos já aprenderam o que estava confinado em uma só mente. Este é o perigo maior!

Estávamos ainda na gruta, eu, Urbano, Túlio e Apolônio, quando os guardas nos encontraram. Fomos colocados para fora aos chutes e pontapés. Apolônio morreu empalado na nossa frente; Urbano e Túlio foram amarrados a um poste e queimados, para servirem de luz noturna. Parecia que se instalara um grande ódio pela raça humana. Eu, que estava grávida de nove meses, carregando em meu ventre o filho de Apolônio, fui levada para um calabouço cheio de ratos e outros animais rastejantes.

As dores do parto começaram, estava muito escuro e apenas uma pequena fenda no teto deixava passar a luz das estrelas e da lua. Eu chorava de dor, de ódio, de medo, de tristeza, de saudade, e não havia nada, nem ninguém, que pudesse ouvir meus gritos.

O trabalho de parto teve início e, ao final, percebi que estava grávida de duas crianças. Não pude ver se eram meninos ou meninas. Lembro-me dos choros, que demoraram muito a parar, lembro-me da porta se abrindo e dos guardas iluminando o calabouço e falando:

– Quanto sangue! Os ratos comeram uma das crianças, e a outra, vejam, é um menino. Vou levá-lo e fazer dele um guarda do rei. Será um homem de verdade.

Esse homem aproximou-se, pegou a criança, enrolou-a em seu manto e colocou-a debaixo de seu braço esquerdo, e com a mão direita tomou a espada e disse rindo:

– Vou aliviar seu sofrimento.

Segurando meu filho, cravou-me no ventre a espada, e eu atravessei a luz.

Enquanto eu percorria o comprido corredor no qual as sombras eram ladeadas por anjos que iluminavam minha passagem, eu ouvia uma voz que me dizia claramente:

– Você, ao seguir os ensinamentos do rabi, escolheu participar do destino de muitas pessoas. Lembre-se de que muitos foram e serão influenciados, numa rede social que se propaga através do tempo e do espaço. Você terá a ajuda necessária para cumprir sua missão.

Lampejos de uma consciência muito além do que se possa entender me levavam ora para a escuridão, ora para uma intensa luz, e permaneci nesse estado durante um tempo que jamais poderei calcular.

**Após um período** muito longo, as lembranças me remeteram para 1771, e eu me vi em um navio cheio de negros escravos acorrentados. Estávamos seguindo para um país chamado Brasil. Acabávamos de sair da África, e eu conseguira que os traficantes negreiros me vendessem uma passagem. Eu me chamava Rifka Lévy, era judia e estava fugindo da Espanha da melhor forma disponível. Não queria ser mais um instrumento na política de limpeza de sangue contra os descendentes de judeus. Como era branca e loura, não tive dificuldade em negociar com o negreiro, que não me perguntara por que eu estava querendo ir para o Brasil. Ele aceitou meu dinheiro e me deixou embarcar. Tudo acertado, colocaram-me no porão com os prisioneiros.

Já no porão, junto com aquele povo, de certa forma senti-me compartilhando sua terrível experiência, e o mais estranho é que, como Rifka Lévy, eu não me lembrava de absolutamente nada da vida de Blandina, nem da missão a mim confiada e que, com certeza, tinha início ali, naquele navio.

Havia a um canto uma mulher magra, de compleição alta e forte, que estava em trabalho de parto. Os outros à sua volta faziam bastante barulho, para que não se ouvissem os gritos da gestante. Pareceu-me, em certo momento, que a criança havia nascido, pois as pessoas começaram a cantar uma espécie de hino tribal, que transmitia uma grande força, como se estivessem saudando um guerreiro.

Em determinado momento, um dos homens dirigiu-se a mim, falando em um dialeto que eu não entendia. Ele me estendia a criança, segurando-a com os dois braços, como se estivesse me entregando aquele ser para sempre.

Peguei o menino magrinho e enrolei-o em minha cintura, embaixo dos panos do vestido, e chamei o guarda que se postava à porta do porão. Pedi-lhe que chamasse o comandante, pois eu queria sair dali. Esperei apenas alguns instantes até que a porta se abriu e fui levada pelo guarda à presença do comandante do navio negreiro.

– Estranhei a senhora não reclamar de viajar junto com essa gente. Vou lhe oferecer aposentos melhores.

Nesse instante, a criança que estava enrolada nos meus panos, amarrada a mim por um cinteiro, começou a grunhir. O comandante olhou-me, e imediatamente lhe comuniquei:

– Estou com muitos gases e dor de estômago. Desculpe-me, mas preciso de algum leite para melhorar meu estado geral.

– Vou acomodá-la e providenciar comida decente e leite também. E olhe: não me interessa saber o que vai fazer no Brasil. Reconheço um judeu de longe, mas o meu problema é com os negros, por isso sua presença não vai me incomodar aqui.

Cheguei ao porto de Santos, no Brasil, em junho de 1771, com o menino que chamei de Bernardo. Adotei-o, e ficou sendo Bernardo Lévy. E não foi difícil fazê-lo, pois em 28 de julho desse mesmo ano foi assinada a Lei do Ventre Livre.

A partir de 1777, fui morar na Bahia, e foi lá que eduquei Bernardo. Com os meus conhecimentos de enfermagem, tornei-me a enfermeira das senzalas, fazia partos e cuidava dos feridos. Por mais que procurasse, jamais encontrei a mãe de Bernardo.

Os senhores de engenho toleravam minha presença nas senzalas, mas não ousavam me deter, porque virei amante de um senador muito influente, que via minha atitude como idealista e romântica. No fundo, eu não representava perigo algum para o *status quo*.

Sempre recebia um mimo dos escravos – um presente, um bolo, um pão feito no forno à lenha, uma comida especial. Certa vez, M'Bata me chamou, me entregou um vidro pequeno e disse:

– D. Rifka, este perfume é para ajudar a senhora a trabalhar a intuição, desenvolver o conhecimento de outros mundos. Chama-se Narciso Negro e é o perfume dos feiticeiros.

Usei o perfume com muito carinho, porque considerava M'Bata minha amiga, mas nunca me aconteceu absolutamente nada que pudesse significar um passo a mais na direção espiritual.

Guardei o vidro com muito cuidado. O tempo passou, Bernardo tornou-se advogado e começou a lutar abertamente junto com jornalistas, poetas e professores pela libertação dos escravos.

Meu filho, Bernardo Lévy, ficou conhecido como o judeu negro e tornou-se uma pessoa muito importante na formação de uma consciência inter-racial libertadora no Brasil.

Morri em 1836, aos 90 anos, e novamente atravessei a luz.

**Nasci de novo** em 1914, como Elza Miranda, num lugar muito pobre, e aos 15 anos tornei-me prostituta para fugir à fome. Tal como Rifka, eu também entendia de enfermagem, mas, ao contrário dela, ajudei muitas mulheres a se livrarem de seus filhos ainda no ventre. Eu entendia que era melhor que nenhuma criança nascesse, para que não vivesse o que eu tinha vivido.

Nessa encarnação, como Elza, minha vida também foi muito difícil, não tive filhos, e morri aos 40 anos, de tuberculose, a doença do século. Ao passar pela luz, a voz dos anjos guardiãos se fez ouvir:

– Elza, tenha pressa, o tempo está passando, a balança tem dois prato, você precisa equilibrá-la.

Um barulho na sala trouxe-me de volta à vida, e permaneci acordada até tarde, quando um sono tranquilo e reparador tomou-me por inteiro. Antes de adormecer, porém, fiquei pensando na minha vida atual, sem filhos, não por escolha pessoal, mas por decisão do destino, que me privara, até aquele momento, da maternidade tão almejada.

No dia seguinte, renovada por um conhecimento muito abrangente que me preenchia e que, ao mesmo tempo, me fazia sentir pronta para aprender, resolvi voltar a Copacabana à tarde e comprar o perfume. Era sexta-feira e eu só iria trabalhar na universidade pela manhã.

Cheguei à perfumaria às 15h35. Pedi o Narciso Negro e a vendedora foi buscá-lo. Como de praxe, ela colocou a fragrância numa tira de cartolina e me ofereceu para senti-la mais de perto. Aspirei novamente o delicioso perfume e uma sensação estranha me invadiu. Olhei novamente o relógio, mas devia haver algum engano: o relógio marcava 15h35, quinta-feira.

Saí da perfumaria feliz por ter comprado o perfume, que, apesar de muito caro, valia a pena, em razão de sua fragrância inebriante.

Voltei para casa de táxi. Algo dentro de mim havia mudado, sentia-me preparada, como se pudesse desenvolver progressivamente as competências para atuar de forma inteligente na vida. Tinha a impressão que estava no caminho certo. No sinal, um menino vendia jornais; chamei-o e comprei um. O jornal marcava quinta-feira. Atônita, confirmei com o motorista de táxi o dia da semana, que declarou sem titubear:

– Hoje é quinta-feira.

Eu estava perplexa diante do que estava ocorrendo, não tinha absolutamente nenhuma palavra para descrever o que sentia. Era como se as 24 horas passadas houvessem desaparecido, como se não tivessem acontecido. Por mais que pensasse e quisesse, não conseguia organizar com lógica a profusão de pensamentos e sentimentos que me invadia. Havia apenas uma constatação: eu sou Helena dos Santos Mori e, de uma forma que não entendia, atravessei a fração de um tempo que permanecerá para sempre, pelo menos para mim, nas sombras em que dormitam as origens da vida.

# As cartas da sorte

**Diziam os Antigos** que as sementes da vida repousam em um campo espiritual do inconsciente coletivo. Eles afirmavam que nascemos com um punhado de sementes nas mãos e que ao longo da vida poderemos adquirir outras sementes, que coexistirão com as primeiras no jardim mágico da nossa existência. Eles ensinaram que somos jardineiros do nosso destino. A partir dessa ecologia de sementes o destino se desenvolve, chega de mansinho e se instala, promovendo mudanças; ou, então, apresenta-se de forma inesperada, fazendo uma revolução, juntando e separando pessoas, construindo e desconstruindo caminhos.

Diz-se que é dessa forma que se criam as histórias e o acaso acontece. O destino, então, é um tecedor de tramas, aproveita momentos, atitudes e gestos para produzir uma malha que conecta pessoas, fatos e épocas; uma teia cuja dimensão é intemporal e inteiramente oculta a nós.

Foi assim que interferiram na vida de Hemerenciana e ela, por sua vez, interveio na de outras pessoas, em uma sucessão de eventos, denotando que o destino é compartilhado e que, para se manifestar, precisa de uma existência completa, juntando ao acaso, segundo suas próprias leis, pessoas, histórias, sementes, tempo e espaço, onde nada do que acontece é por acaso nem isolado.

Na verdade, a vida de Hemerenciana acabava de entrar em um novo capítulo, após a morte do marido. Durante o velório, olhava para o caixão onde se depositara o corpo inerte de Nestor e imaginava se ali naquela caixa escura não estaria confinado também o que lhe restara de sua própria vida, incorporada irremediavelmente à alma do falecido. A imagem trouxe-lhe arrepios e um desejo imenso de transbordar, de se expandir, esparramar-se e seguir adiante, por um caminho que mesmo ela ignorava, pois um ânimo intempestivo abraçava-lhe o espírito, conclamando-a a um salto para o desconhecido.

De origem espanhola, Hemerenciana deixara toda a sua vida para trás a fim de se casar com o Dr. Nestor Castro, médico renomado, 35 anos mais velho. Achava que era sua obrigação obedecer aos pais, para isso havia sido criada, embora a avó pensasse diferente. Acabou seguindo o conselho dos pais, e casou, mas lembrava sempre as palavras de sua avó, que, sem ninguém saber, era sua cúmplice.

– Estou pressentindo a mão do desconhecido em sua vida, pois, desde que você nasceu, nunca a vi tomar um caminho que não quisesse sem questionar, sem brigar.

Moça ingênua, embora impetuosa, só com o tempo iria desenvolver as próprias ideias. Casou-se aos 16 anos e ficou casada por 23 anos. Teve com o Dr. Nestor dois filhos: o mais velho, Otávio Augusto, que estudava medicina, e a caçula, Vera Helena.

O primeiro conselho que os filhos lhe deram foi que vendesse a ampla casa de três andares, comprasse um pequeno apartamento na Gávea e com o dinheiro restante abrisse um negócio para ela.

Hemerenciana olhava a casa, o lugar, as paredes com os quadros, os estofados, a escrivaninha. Olhava os espaços vazios da grande sala, com o piano de cauda ao fundo, no qual ninguém mais tocava. Lembrava-se de sua última conversa com o marido.

– Você sabe o que vim fazer neste mundo? Você sabe quem sou eu?

Hemerenciana acendeu a luz do abajur e disse-lhe, acalmando-o:

– Ora, deixa de bobagem, Nestor, você é um homem inteligente e dono das nossas vidas.

– Não mulher, você não está entendendo. Fiz o meu trabalho encomendado por Deus e tomei você até aqui para entregá-la agora ao seu destino.

O marido silenciou, olhou-a sem vê-la e, sem nenhum suspiro, começou a partir, silenciosamente, sem alarido, como um vento fraco que abana a folhagem e, de repente, vai crescendo, farfalhando cada vez mais forte.

– O que está acontecendo? – quis saber Hemerenciana.

– Por que pergunta? Você é uma mulher inteligente, entende melhor do que eu que tanto a vida quanto a morte fazem parte desta viagem inadiável. Prepare-se para seu caminho.

E morreu, como se o vento, em seu rodopio pelo quarto, penetrasse por todas as reentrâncias do aposento e subitamente arrastasse para o vácuo o marido, a luz e as sombras, apagando as velas, deixando Hemerenciana no escuro.

Agora, sozinha, começava a tomar consciência do peso da própria vida. Os medos reais e imaginários acumulavam-se em sua mente. Sentia-se perdida num labirinto. Uma única coisa era certa: tinha 39 anos e necessitava de vida, amava o mundo e sua consciência estava em paz.

Uma tarde, pouco tempo depois da morte do marido, chegou-lhe uma carta acompanhada de uma caixa cor-de-rosa, com desenhos coloridos. Era de Anita dos Santos Duvivier, que lhe dizia que chegaria de viagem em dez dias e que trazia alguns presentes para ela. Não falava sobre a morte recente de Nestor.

Anita Duvivier era uma mulher muito rica e influente na sociedade. Era casada com um médico especialista em hanseníase, o Dr. Hilário Santos, que estava trabalhando numa pesquisa com o Dr. Werner, no Pará. Perdera um filho de 8 anos com uma doença rara nos rins e desde então tornara-se uma mulher irritadiça e de fala ferina, mas não com Hemerenciana, de quem era amiga desde seu casamento com o Dr. Nestor.

Segurando a carta da amiga, Hemerenciana dirigiu-se à escrivaninha, abriu uma gaveta e pegou o presente que Anita lhe dera no aniversário do ano anterior. Havia junto um cartão muito bonito, com um poema da amiga:

Querida e única amiga,
Dou a você estas chaves, que eu mesma nunca usei,
Para que lhe abram as portas mágicas, que eu tanto procurei.
Encontrei? Não sei!
Abrirão novos caminhos? Talvez!
Utopia ou desfaçatez?
Com certeza, insensatez!
Mas do amor, quem sabe, não lhe chega a vez?

Na época, Hemerenciana guardara o presente bem escondido: uma caixa com o desenho de um cavaleiro romântico e, dentro dela, as cartas da sorte. Lembrou-se do rosto alegre de Anita e de suas palavras, quando lhe deu o presente.

Sempre que se lembrava da amiga, vinha-lhe um sentimento de alegria e amizade que lhe transmitia uma força indescritível.

O presente trouxe-lhe recordações que julgava perdidas. É que, quando Hemerenciana era bem jovem, menina ainda, sua avó lhe ensinara os segredos da cartomancia. Mas, com o casamento com Nestor, teve de abandonar a natureza dessas coisas, pois o marido não acreditava em nada disso.

– Agora, esqueça. Nesta casa não entrará esta baboseira.

Hemerenciana, por medo e respeito ao esposo e aos filhos, abriu mão do seu gosto e progressivamente foi se desconhecendo. Ao final, tanto ela como o marido e os filhos a viam como uma mulher silenciosa, insone e insegura.

Agora, sentada à frente da escrivaninha de nogueira, Hemerenciana olhava o presente que Anita lhe dera e sentia-se uma mulher com os pés bem plantados na terra, mas pronta para um salto na vida.

Calmamente, Hemereciana espalhou sobre a mesa as cartas da sorte, tirou três delas e disse para si mesma: "Estas cartas são muito diferentes."

A luz da tarde penetrava na sala pela janela, como se saudasse os fatos, e lhe revelava, nos símbolos, o futuro que se avizinhava. Olhou novamente as cartas dispostas em cima da mesa e pressentiu, em meio a tantos eventos, um caminho, um farol à procura dela, desde que havia nascido. Juntou as cartas e começou a embaralhá-las novamente, fascinada pelo espetáculo que só ela contemplava, em silêncio, na certeza de que a vida não tem limites e que desvendá-la é um desafio para um sábio ou um louco.

# A DIÁSPORA

Os laços que o acaso usa para desdobrar os destinos são desconhecidos, e sua lógica, tecida no invisível, escapa à racionalidade humana. Tentar entender a trama por trás de cada evento é penetrar em um terreno perigoso cujo mapa só se obtém por pura obra do acaso.

Era uma quinta-feira, 15h35, chovia muito e a estrada estava insuportavelmente escorregadia. Ishmail Benayon dirigia com muito cuidado, Hannah estava apreensiva, a iluminação era precária e em certos trechos muito longos havia completa ausência de luz. Raquel dormia, cansada da viagem.

Estavam agora em um trecho ascendente, mas a estrada alternava longos percursos de descida com outros tantos de subida. Só um detalhe no quadro não se modificava: o precipício que os acompanhava à direita. Ishmail dirigia com cuidado, pois em certos momentos não se adivinhava absolutamente se o caminho era para a esquerda ou para a direita – como se a estrada terminasse, e continuar em frente fizesse parte de um jogo no qual um adversário desconhecido conhecesse todas as regras, uma delas envolvendo exigir do parceiro a missão de desvendar os próximos lances.

Ishmail era um médico especialista em hanseníase e fora convidado para trabalhar no interior do Pará, em uma região na fronteira com o Amapá. O casal viera de Israel e não tinha familiares vivos. Eles partiram de São Paulo, num carro comprado especificamente para a viagem, e seguiram as indicações no mapa, feitas pelo diretor do centro médico no qual Ishmail iria trabalhar.

Acostumados a viajar e a enfrentar situações difíceis, Ishmail e Hannah começaram a se preocupar. Percebiam que, devido às condições do tempo, haviam se perdido no caminho, pois a visibilidade da estrada era quase nula. A chuva miúda aumentara e o frio era muito grande. A angústia começou a se estampar em seus rostos, pois a tempestade não dava trégua e nada na estrada apresentava qualquer indício de que conseguiriam ajuda. Estavam perdidos em algum ponto do interior do Brasil e não havia pistas que lhes fornecessem orientação sobre onde se encontravam.

De repente, em uma curva do caminho, o carro não obedeceu e, escorregando pelo abismo, atravessou o espaço e se lançou por entre pedras e árvores, despencando no rio. Com o choque, Raquel foi lançada pelo vidro da frente, que se soltara momentos antes de o carro explodir.

Estranha a natureza da vida. Algumas horas depois, Raquel despertou e olhou à sua volta sem nada compreender. Não se lembrava de absolutamente nada, nem de quem era, ou do que fazia ali. Tudo à volta era vegetação, mata cerrada e o rio. Raquel viu os destroços ainda fumegantes do carro, aproximou-se para ver o que era, mas o choque e a explosão tinham sido tão violentos que não era possível identificar Ishmail nem Hannah. Apenas uma mochila era a bagagem da menina nessa incrível viagem para algum ponto de seu destino.

Estava muito frio. Raquel colocou a mochila nas costas e iniciou uma caminhada, numa terrível diáspora, deixando para trás seu nome, sua origem, seus ancestrais, sua história. Estava no limbo, talvez nascesse de novo, mas não naquele momento.

Andou por muitas horas e, cansada, adormeceu ao longo do caminho. Acordou com o sol em seu rosto, levantou-se, estava com fome, mas não divisava nada que lhe indicasse vida humana. Continuou andando, encontrou algumas frutas, que não pareciam venenosas, e comeu. Por quanto tempo andou, não sabia, nem para onde estava indo; apenas caminhava, como se estivesse sendo guiada por algo superior à sua própria vida.

Alimentava-se de qualquer coisa que achasse pelo caminho – vegetação, frutas, larvas – e, como não se desviara da rota do rio, podia beber água e lavar-se quando precisava. Já estava andando havia horas e o frio e o sol se revezavam tão intensamente que sua pele já não suportava mais as queimaduras. Uma febre intensa tomou-lhe o corpo por inteiro, apagando de vez de sua memória os vestígios de sua origem.

Raquel acordou dias depois, num lugar diferente, em uma cama com lençóis, e tão fraca se sentia que nem conseguiu levantar-se para ver o que acontecia, saber onde estava. Que lugar era aquele?

A menina fora encontrada por moradores de Porto Santana, que a viram desmaiada, delirando em uma língua estranha para eles. Curiosos com a presença daquela criança em condições tão inusitadas, resolveram levá-la para a cidade.

– Qual o seu nome? Qual a sua idade?

A menina não entendia aquela língua estranha e ficava cada vez mais amedrontada.

– Tudo bem, você está entre amigos, descanse, vamos tentar saber pelo rádio o que aconteceu. Alguém deve saber.

As pessoas que cuidavam de Raquel trabalhavam no posto de saúde de Porto.

– Que idade deve ter essa menina?

– Talvez uns 13 anos.

– Vou passar as informações pelo rádio. Vamos ver se descobrimos alguma coisa.

Os dias foram se passando e ninguém sabia quem era aquela menina, de onde tinha vindo, quem eram seus pais. Ela fora encontrada em local diferente de onde ocorrera o acidente. Além disso, com o forte temporal, Ishmail e Hannah haviam se perdido no caminho e entrado por outra trilha, que os levara para um lugar distante de seu destino original e que culminou com a morte dos dois.

Passaram-se seis meses desde que a menina fora encontrada e, para melhor se comunicarem, os moradores de Porto chamaram-na Helena, pois ficava muito difícil viver sem um nome. A jovem começou a cuidar das crianças que vinham ao posto e foi com elas que aprendeu português. Ao cabo desses seis meses, já se comunicava com certa facilidade. Havia sido adotada pelos moradores do lugarejo, trabalhava com as crianças e dessa maneira não era um fardo para ninguém.

Muito distante de Porto Santana, em Oriximiná, ficava o centro de saúde onde Ishmail iria trabalhar. No local, todos ficaram apreensivos, já que o médico que viria de Israel com a esposa e a filha não chegara à cidade e ninguém tinha notícias deles, pois não havia familiares seus em Israel. O médico que o convidara sabia que estava trazendo um dos melhores especialistas no assunto e ficou muito pesaroso com a ausência do amigo. Não entendia o porquê de tudo aquilo e jamais atinaria com o que ocorrera na realidade. Em virtude desse acontecimento, o Dr. Jones Werner resolveu convidar outro médico para conhecer e estudar a realidade de Oriximiná: Hilário Santos.

Juntos, o Dr. Werner e o Dr. Hilário percorreram várias cidades, fazendo pesquisas, orientando os moradores. Na rota de estudo estava Porto Santana.

Chegaram ao povoado e foram muito bem recebidos. Ao verem a jovem Helena, tão prestativa com as crianças, quiseram saber quem era. O pessoal do posto contou como haviam-na encontrado, e como a menina não se lembrava de absolutamente nada e agora estava ali integrada à vida de todos. O Dr. Werner olhou a jovem e logo adivinhou seu passado esquecido. Mesmo sabendo que não teria como confirmar suas suposições, não se conteve:

– Este é o Dr. Hilário. Veio substituir o Dr. Ishmail Benayon, que vinha com sua mulher e a filha Raquel mas, por algum motivo, não se apresentou.

Disse isso olhando para a menina, que não esboçou reação alguma ao ouvir a frase do médico; pelo contrário, continuou brincando com as crianças.

– Estamos procurando uma família que queira adotá-la, para que possa ter um lar, crescer aconchegada e, quem sabe, um dia lembrar toda a sua história.

O Dr. Hilário encantou-se com Helena, e como não tinha filhos, ligou no mesmo dia para a esposa, Anita, e falou-lhe de Helena e do desejo de adotá-la. Anita prontamente aquiesceu, o que causou um pouco de estranheza a Hilário, já que não era de seu feitio aceitar as coisas sem antes discutir ou negociar.

O que Hilário não sabia era que, dias antes, Anita estivera com a cartomante Hemerenciana Castro, uma das poucas pessoas que tinha ascendência sobre ela, que lhe dissera ao olhar as cartas:

– Vejo que você terá mais um filho, ou melhor, uma filha.

– Impossível, depois que meu filho morreu, nunca mais quis saber de maternidade.

– Mas está aqui, você terá uma filha. E será em breve.

Foi assim que Helena chegou ao Rio de Janeiro e foi adotada pelo Dr. Hilário e Anita, e passou a se chamar Helena Santos. Uma segunda certidão de nascimento, uma outra vida. As marcas da ancestralidade haviam desaparecido de sua cabeça.

Helena estudou nos melhores colégios, viajou por muitos países, mas nunca teve uma intimidade maior com a mãe. Já com o pai, era diferente. Quando completou 18 anos, foi ao Pará encontrar-se com ele, que de tempos em tempos retomava a pesquisa com o Dr. Werner.

Foi numa dessas viagens que, de passagem por Mato Grosso, Helena conheceu o professor de antropologia Antônio Mori, e daí para o matrimônio foi um passo rápido. Casaram-se e foram morar no Leblon, em um apartamento que Anita lhes dera de presente. Os anos foram se passando, Helena tornou-se uma designer de moda, conhecida até no exterior, e tanto ela quanto Antônio davam aulas em uma universidade. De início, não queriam filhos, pois desejavam investir em suas carreiras. Mas, com o passar dos anos, e mesmo com tratamentos caros, não conseguiram gerar uma criança. Agora, ambos com 42 anos, haviam encontrado novos interesses.

Dizem que a vida é feita de escolhas. A partir de nossas decisões, materializam-se ou não os caminhos e, dessa forma, pessoas nascem, crescem e vivem, e o acaso acontece. Isso significa que existem milhares de caminhos não trilhados, sociedades que não nasceram, sonhos que não serão sonhados, mitos que ficarão para sempre nas sombras, como fantasmas. Mas, às vezes, a decisão deixa de ser consciente; o acaso tece, por mãos ocultas, suas escolhas, e somos conduzidos por caminhos inesperados. Foi isso que aconteceu nas vidas de Antônio e Helena.

Certa noite, a mãe de Antônio, D. Canotilha que morava no interior de Mato Grosso, ligou para eles e disse:

– Preciso que venham me ver imediatamente. É muito importante. Venham assim que puderem.

Helena e Antônio aproveitaram um feriado prolongado e pegaram um avião rumo a Mato Grosso. Assim que chegaram, souberam por D. Canotilha da história do menino que lhe fora entregue por Hermes,[1] seu outro filho, para ser adotado. O irmão de Antônio viera do Rio de Janeiro trazendo em seu carro o pequeno fardo, que, segundo ele, não parava de chorar.

Helena emocionou-se, porque viu certa semelhança com sua história. Nem pensaram duas vezes, propuseram-se imediatamente a adotar a criança. Antônio não teve dificuldade em registrá-la, e deram-lhe o nome de Antonino dos Santos Mori.

Antonino cresceu, formou-se em engenharia eletrônico, e com a morte do pai foi, com a mãe, morar no Flamengo. Jovem brilhante, trabalhava no departamento de informática de um jornal de grande circulação no Rio de Janeiro.

Certo dia, Antonino conheceu Danuza, uma bela moça que trabalhava numa loja no centro da cidade e que estava namorando firme um estudante de medicina chamado Irineu Lehman. O relacionamento já durava uns três anos, e todos tinham por certo que daria em casamento. Mas Danuza apaixonou-se de tal forma por Antonino que passou por cima de todas as convenções e o seduziu abertamente, com seu jeito meigo e avassalador ao mesmo tempo. E o destino, de tocaia, fez com que Antonino, hipnotizado pela abordagem tão audaciosa de Danuza, se apaixonasse por ela de tal forma que mais parecia um cavaleiro romântico, sempre a lhe enviar flores e bombons. Até uma serenata ao som de violões e violinos ele contratou para sua amada.

No eterno dilema da escolha, Danuza preferiu o romance, o sonho, a paixão, ao amor tranquilo de Irineu, um rapaz racional, que não tinha os arroubos arrebatadores de Antonino. Se Irineu sofreu é difícil dizer, pois havia em seu temperamento algo que o tornava uma pessoa impenetrável, impossível de se decifrar. Aparentemente, ele suportou o revés da traição e seguiu em frente, aplicando-se cada vez mais à medicina cirúrgica, carreira que elegeu para seguir.

Foi para consolidar essa relação que passou por cima de convenções e sentimentos alheios que Antonino e Danuza casaram-se no mês de dezembro. Foi um casamento por amor, desses que não podem ser evitados e que conduzem a caminhos que inevitavelmente farão compreender que o acaso cria o fio com que o indivíduo tece sua história entrelaçada com as histórias de muitas outras pessoas.

# Nota

1. Aqui há um paralelo entre Antonino e Dionísio, personagem da mitologia grega que, para iniciar sua trajetória na vida, teve de nascer duas vezes e, na segunda vez, literalmente parido da coxa de Hermes, o deus mensageiro do Olimpo.

   Na mitologia grega, Hermes costurou Dionísio em sua coxa para salvá-lo da fúria da mulher de Zeus, Hera, que queria matá-lo pois descobrira a traição de seu marido. Por esse motivo ganhou o nome de Dionísio, "nascido duas vezes".

   É interessante notar que na mitologia judaico-cristã também há um símbolo semelhante, expresso na luta entre Jacó e o Anjo de Deus. Na luta, o Anjo fere Jacó na coxa e nesse momento muda seu nome para Israel, denotando no segundo nascimento a trajetória de redenção da raça humana.

# O RELÓGIO DE PÊNDULO

Quando Antonino e Danuza se conheceram, cada um deles pressentiu que o acaso estava entrelaçando suas vidas de forma inevitável. Ela o havia conhecido na loja, e hoje, sexta-feira, quando viu o jovem que atravessava a rua carregando as sacolas de compra, seguiu-o sem que ele percebesse, mas o perdeu de vista na movimentada rua do Comércio, atrás da igreja.

Danuza Lemos ensaiou e experimentou várias formas de falar com o rapaz, mas nenhuma dera certo. As amigas não sabiam mais o que fazer para que ela tivesse outros interesses. Na verdade, jamais tornaria a ser como fora, pois namorar com Antonino era agora o único objetivo de sua vida.

Lembrava de como o conhecera. Ele havia entrado na loja de roupas onde trabalhava e foi logo atendido pela gerente, uma senhora gorda, baixinha, de cabelos muito negros, que lhe disse toda sorridente:

– Vou sair para almoçar, mas deixo-lhe com esta garota, que vai atendê-lo com muita simpatia.

Enquanto comprava o que precisava, o rapaz começou a conversar com ela, e foi nesse dia que Danuza se apaixonou por Antonino. Soube que morava no Flamengo, e tentava de todas as formas falar com ele, inventando mil artimanhas, criando oportunidades, mas não tivera o gosto de dizer-lhe o quanto estava interessada.

Hoje perdera outra chance de falar-lhe, mas, como era hora do almoço, saiu caminhando calmamente e entrou na galeria da Fonte. Enquanto saboreava um cafezinho, lembrava-se do que Celina, cliente da loja e que trabalhava com Antonino no jornal, lhe contara sobre o amado. “Antonino tem 22 anos, e sua mãe, Helena Santos Mori, era uma designer. Eles saíram do Leblon após a morte do pai, pois a mãe decidira morar no Flamengo.”

Desde o dia em que ele entrara na loja de roupas, Danuza apaixonara-se pelo rapaz e tentava de todas as formas falar-lhe. Hoje, mais uma vez perdera a chance. Agora de volta à loja, dizia para si: mesmo que esteja morrendo de medo, mesmo que eu me arrependa depois, com certeza vou me arrepender muito mais se não disser a ele que o amo. E foi o que fez. Um dia, esperou o jovem voltar do almoço e, à porta da loja, perguntou-lhe de supetão:

– Pode esperar-me na hora da saída?

Como Antonino não respondesse, pego de surpresa por aquela moça que, de forma inusitada, o abordava, Danuza insistiu, carinhosamente:

– Estou esperando sua resposta.

Antonino viu o brilho nos olhos da moça e teve um desejo irresistível de beijá-la, mas se conteve. O silêncio parecia durar séculos, e por toda a vida sempre se lembraria daquele instante. Sentia a própria respiração e, apesar da ansiedade, aguardava com prazer o desenrolar daquele momento, que, embora fosse uma circunstância singular, dava a Danuza a certeza de que transformaria seus destinos.

– Qual é o seu problema?

– O meu problema é que eu quero só uma oportunidade de me apresentar a você e conversar um pouco. Se você não me aprovar como pessoa, juro que nunca mais o procuro. Mas vamos que você se apaixone por mim, como eu já estou apaixonada por você? Tudo é possível, não é?

– Está certo.

Aquela foi a resposta mais curta, doce e sincera que ela já ouvira; era-lhe quase impossível respirar. Finalmente, iria encontrar-se frente a frente e conversar com o amor da sua vida. E, à medida que aumentava sua ânsia, aumentava também o receio de perdê-lo.

Antonino despediu-se com um "Até já" e voltou caminhando para o jornal em que trabalhava. O jovem estava estupefato, pois já havia algum tempo que admirava em silêncio aquela bela garota e agora, de admirador secreto, passara a quase namorado, e daí para um compromisso mais sério eram passos que logo daria, se Danuza o aceitasse. Sentia-se a pessoa mais feliz do mundo.

A tarde custou a passar e Antonino não via a hora de estar com Danuza. Finalmente, o expediente acabou e o jovem atravessou a praça das Amendoeiras, com um sorriso no coração, imperceptível para quem passava, mas que lhe arrebentava o peito.

Entrou na galeria da Fonte e avistou Danuza já à porta.

– Mas já está aqui!

Tal como esperava e desejava, a conversa com Antonino transcorreu sem temores, e toda a preocupação e o receio dos dias anteriores se desfizeram. Era um rapaz muito inteligente, e havia nele algo de surpreendente: era como se guardassem uma antiga amizade.

Antonino estava radiante, pois sentia em seu coração a reciprocidade de sentimentos e sabia que era uma questão de tempo: mais dia, menos dia, iria conhecer os pais da moça para cumprir um ritual muito importante: apresentar-se e pedir Danuza em casamento.

Antonino, decididamente, tinha consciência de suas reais possibilidades com Danuza, sabia que uma alternativa importante de sua vida estava se configurando, pois, sem dúvida, viver com Danuza era algo que ele queria fazer.

A partir desse dia, como em todos os outros que se seguiram, Antonino pegava Danuza na porta da loja às 18 horas e iam caminhando até a praça das Amendoeiras, ficavam conversando e depois ela pegava o ônibus para casa. Nos fins de semana, ele a pegava de carro na porta de casa.

Surgiu entre os dois um sentimento profundo e avassalador, do tipo que é impossível conter, que arrebenta a alma e que faz com que o corpo inteiro vibre nas cordas do outro.

Após alguns meses de namoro, finalmente chegou o dia em que iria oficializar o compromisso com Danuza. A família toda estava esperando quando ele entrou na casa. O jantar foi muito caloroso, e ele se sentia como se estivesse com sua família, todos o recebendo com muito carinho. Já no final do jantar, quando saboreavam a sobremesa com o cafezinho, Antonino levantou-se e foi até o *étager*, que ficava no canto da sala, perto da porta. Estava realmente intrigado, olhando o relógio de pêndulo sobre o móvel. Aproximou-se, ficou olhando...

– Que belo relógio este!

A mãe de Danuza gostou do elogio.

– Compramos ano passado, numa casa de relíquias antigas.

Antonino estava preso pela surpresa e curiosidade, e perguntou:

– Posso vê-lo?

Os pais estavam radiantes com tudo.

– Você gosta de relógios antigos?

– Tive um parecido quando era criança.

Antonino se aproximou e lembrou-se do dia em que, após a morte do pai, a mudança saiu do Leblon para o Flamengo. Alguns móveis e utensílios foram vendidos, inclusive o relógio de pêndulo, que tinha seu nome gravado na portinha de trás, na parte interna, cunhado com o canivete que ganhara de seu pai no dia de seu aniversário de 11 anos. Sabia a hora exata em que concluíra sua arte, pois seus pais haviam saído e avisaram que voltariam às 22 horas. Lembraria sempre aquele instante da chegada dos pais, pois quase o pegaram em flagrante, uma recordação que até hoje, de vez em quando, invadia o espaço do seu viver, um antigo segredo, insuspeitado, gravado na portinhola de um relógio de pêndulo, do qual ninguém no mundo tinha conhecimento, só ele.

Antonino antecipava a descoberta que rebentava naquele momento. Abriu a portinha traseira do relógio, olhou a parte interna e as antigas lembranças se misturaram às novas em sua memória, e, como se fosse uma dama adormecida, que desperta com o toque do amado, o relógio começou a bater 22 horas.

Era como se visse a si mesmo em sua história de vida, pela primeira vez no círculo mágico da verdade. A vida era um instante precioso e provavelmente não havia coincidências.

Antonino despediu-se de todos e saiu pensando: "Acho que a vida, às vezes, nos oferece tantas informações que não sabemos decifrá-las."

Ao chegar em casa naquela noite, cumprimentou a governanta que cuidava da casa e beijou sua mãe, uma bela senhora de cerca de 65 anos. Sentou-se no sofá, porque ainda não conseguia dormir.

Lembrava-se do pai, que um dia, explicando-lhe sobre mitos e símbolos, falara sobre Hermes, um deus mitológico que transforma os destinos, protegendo e, ao mesmo tempo, virando vidas pelo avesso, conduzindo por caminhos e circunstâncias inesperadas, entrelaçando vidas, separando outras, num aparente caos, por vezes indecifrável.

Deitada no quarto ao lado, Helena dos Santos Mori ouvia o filho preparando-se para conciliar o sono e pensava se algum dia deveria lhe revelar o segredo de sua origem. Ela acreditava que certos desígnios da vida operam de forma inconsciente, razão pela qual jamais tentou racionalizar os eventos que antecederam e se sucederam ao nascimento de Antonino.

Seu quarto recendia a Narciso Negro, e Helena deixou-se embalar pelo perfume e pelo sono que chegava de mansinho. A fé na certeza de que o acaso pode ser um aliado de peso dava a ela a serenidade necessária para acompanhar de perto esse momento na vida de Antonino. Recebê-lo e guiá-lo foi sua missão, mas agora era preciso permitir que o destino agisse e que ele, Antonino, atuasse de acordo com ocultas leis da espiritualidade que operam das profundezas das almas.

# A casa das 32 portas

**Apesar do sono,** as lembranças teimavam em ocupar a mente de Helena, remetendo-a a um ponto de sua vida em que sua história cruzou com a de Antonino.

Lembrava-se de que, quando recebeu o telefonema da sogra pedindo que fossem até Mato Grosso, ela esperou o marido Antônio chegar para juntos decidirem como atender ao misterioso e intrigante pedido que ela fizera ao telefone. Conversaram, trocaram algumas ideias, mas, como não atinavam com o que teria acontecido para mobilizar a mãe daquela forma, Antonio resolveu ligar para saber os detalhes.

– O que há mãe, qual é o problema? A senhora sabe que para nós irmos até aí demanda tempo. Mato Grosso é longe do Rio de Janeiro e vamos aproveitar o próximo fim de semana prolongado. Por que você não adianta e diz o que é?

– Não, pelo telefone, não. Só quando vocês chegarem aqui.

Helena lembrava-se de que dias depois, numa sexta-feira, embarcaram para Mato Grosso. A viagem foi tranquila e chegaram à noite na casa da mãe de Antônio. O lugar estava de pernas para o ar, muita gente da família se movimentando da sala para o quarto e para a cozinha. Antônio e Helena não estavam entendendo absolutamente nada. Deixaram as valises que haviam trazido no quarto reservado aos hóspedes e voltaram para a sala para conversar com D. Canotilha.

– Sentem-se só um pouquinho que estou preparando um lanche com chá, broa de milho, biscoito e uns pãezinhos feitos especialmente para vocês. Descansem um pouquinho porque o que eu quero conversar com vocês demanda muita calma.

Depois do farto lanche, foram, a convite de D. Canô, para a varanda, onde um velho lampião, com sua luz bruxuleante, lançava sombras no ambiente. O canto dos grilos e o coaxar dos sapos compunham as notas que orquestravam magistralmente aquele momento.

D. Canotilha assumiu um ar mais grave e contou-lhes o que acontecera.

– Seu irmão, Hermes, chegou aqui há alguns dias trazendo uma criança que lhe foi entregue estranhamente em um ônibus em Jacarepaguá, lá no Rio de Janeiro. A mulher que lhe deu a criança disse para que ele desse um novo destino a ela. Seu irmão veio dirigindo do Rio até aqui, pois não tem nenhum documento do menino. A criança não deve ter mais de 20 dias de nascida.

Antônio e Helena ouviram toda a história com um misto de interrogação e espanto. Não haviam entendido por que D. Canotilha os chamara com tanta urgência.

– Eu os chamei aqui porque essa criança é de vocês. A menos que vocês não queiram adotá-la, e, então, vou pensar no que farei.

Para Helena, o roteiro da vida daquela criança se encaixava de alguma forma em sua história de vida. Imagens desconexas passavam pela sua cabeça e ela nem sequer sabia a origem das sombras que existiam em sua mente. Olhou para a sogra e levantou-se.

– Dona Canô, quero ver a criança.

Dona Canotilha levantou-se e conduziu Helena e Antônio pelos aposentos da casa até o quarto no qual o menino dormia sob os olhos atentos de Filomena, uma antiga empregada da casa, que depois de aposentada ficou morando com dona Canô, fazendo as vezes de acompanhante.

– Ele chora muito, porque o leite de vaca dá diarreia e cólicas, e não temos ninguém amamentando pela vizinhança que possa dar a ele um pouco de leite materno. Temos dado água de arroz com leite de soja, que o médico recomendou, e é isso que tem sustentado o menino desde que chegou aqui. Mas parece que não está satisfeito. Tem fome, ainda sente cólicas.

Helena dos Santos Mori lembrava-se de cada detalhe daquele dia, de como haviam se aproximado do berço e olharam o bebê.

– O que é isso que ele traz ao pescoço? Foi a senhora que lhe deu?

– Não, ele já chegou aqui com esse cordão no pescoço, e Hermes disse que quando a moça lhe entregou o menino no ônibus ele trazia essa estrela de davi. Parece de ouro.

– É de ouro, mamãe.

Helena aproximara-se ainda mais do berço e curvara-se. Abrira um pouco o manto que envolvia o menino e vira a estrela de davi. Dobrara-se sobre a criança e trouxera-o ao colo, aconchegando-o em seu peito, sentindo em si mesma, de uma forma impressionante, a força do símbolo que o menino carregava.

O que aconteceu, então, foi algo ao mesmo tempo estarrecedor e maravilhoso, e que ainda agora arrancava-lhe lágrimas, que vinham do fundo da alma. O contato da estrela de davi entre ela e o menino fizera com que os seios de Helena começassem a jorrar leite. Todos ficaram pasmos; dona Canotilha, com seus 85 anos, não duvidava do fantástico, porque muitas vezes já vira coisas que pareciam impossíveis. Assim, calmamente, conduzira a nora até uma poltrona.

– Alimente essa criança, pelo amor de Deus.

A partir daquele dia, e por 15 meses, os seios de Helena ganharam formas arredondadas e se encheram de leite, para alimentar o menino.

Antônio não teve dificuldade de registrar a criança, que para todos os efeitos nascera na fazenda Indaiá, na casa de dona Canô. Deram-lhe o nome de Antonino dos Santos Mori.

Viajaram para o Rio de Janeiro, e ao chegarem ao Leblon com a criança os vizinhos vieram logo falar com eles. Helena, calmamente, desabotoou a blusa e deu de mamar ao pequeno Antonino. As vizinhas mais chegadas estavam maravilhadas. Enquanto ela amamentava em um dos seios, o outro tinha que ser coberto por uma toalha, pois também jorrava leite.

– Helena, você estava grávida e nem falou nada...

– Bem que eu achei que você havia engordado muito.

– É, eu não quis comentar.

Os colegas que iam visitá-la não duvidavam da maternidade tardia de Helena.

– Você, hem! Nem para contar para os amigos. Eu já havia falado para Adriana que você estava barriguda demais.

– E se o bebê nascesse no avião, já pensou? Ainda bem que você chegou bem à fazenda.

– Foi cesariana, não?

– Não, parto normal.

– Nossa, você é um fenômeno.

– É, desde menina me dizem isso.

Foi assim que Antonino cresceu, filho legítimo de Helena dos Santos Mori e Antônio Mori. E ninguém ousou dizer o contrário. Havia muitas provas do fato.

O tempo passou e Helena resolveu comprar uma casa em Petrópolis, para passar os primeiros anos de vida de seu filho. Conseguiu exatamente o que queria: uma casa de dois andares, nos arredores da cidade, nem tão isolada, nem tão no centro urbano, que ela chamou de "casa das 32 portas". Eram tantas portas internas e externas que Helena um dia resolveu contar. E foi ali, exatamente naquela casa, subindo e descendo as escadas e passando pelas 32 portas, que Helena recuperou a memória do acidente que sofrera há quase 30 anos, no Pará. Lembrou-se de que seu nome era Raquel Benayon, e tudo veio nitidamente à sua mente, como se tivesse passado um dia apenas.

Conseguiu recordar sua origem, mas não sabia como provar que Raquel Benayon e ela eram a mesma pessoa. Não havia familiares, nenhuma documentação que ligasse os fatos ocorridos em Porto Santana a Ishmail e Hannah. Talvez jamais pudesse provar seu passado, mas poderia viver dali para a frente como uma verdadeira descendente de David e de Abraão.

Agora, tantos anos depois, no silêncio do seu quarto Helena, lembrava-se da casa das 32 portas e de como, segurando seu filho ao colo, tendo entre eles a estrela de davi, deflagrou em sua mente a rememoração de seu passado. Lembranças tênues de início, mas que foram se intensificando, como um fogo que se inicia brando e que depois irrompe, tomando proporções inimagináveis. Recordou-se do carro na estrada de curvas, da forte neblina e do temporal, e de como o veículo despencou no abismo, com ela e seus pais, Ishmail e Hannah Benayon. Foi como se as marcas de sua realeza[1] voltassem a brilhar no seu rosto: ela, que se havia perdido num deserto dentro de si mesma, carregando Antonino em seus braços, recuperava sua identidade.

Daquele dia em diante, Helena resolveu resgatar sua história. Queria reaver seu nome, mas como? Não havia ninguém de sua família no Brasil, e lembrava-se muito pouco de Israel, onde nascera, e da Inglaterra, onde vivera parte de sua vida. Seria um empreendimento difícil, mas pensava com seus botões: "Algo na minha vida já foi fácil alguma vez?"

Helena ouvia os barulhos que vinham do quarto ao lado e sabia que Antonino ainda estava acordado. Pressentia que ele estava feliz, pois amava Danuza.

Essa mistura de sentimentos invadia suas lembranças e lembrou-se da viagem a Israel, de como resolveu partir em busca do seu pertencimento, da sua identidade. Lembrava que levou Antonino com ela, pois o menino já estava com 9 meses.

As recordações vinham-lhe em profusão. A chegada a Israel, o ser em convulsão, sua intuição que aflorava. O roteiro de sua história a deixava convencida que toda a sua vida fora uma conspiração do acaso para que ela seguisse um fio, uma corrente de mistérios, que em algum ponto de sua trajetória pusesse fim a uma grande dívida.

Foi para Israel com Ângela Adler, e peregrinaram por vários cemitérios, cartórios, em busca de informações sobre a família Benayon; mas eram muitas famílias com o mesmo sobrenome, tornava-se quase impossível saber qual seria a dela. E ela nem se lembrava do rosto de seus pais, memória que ainda estava desvanecida em sua mente.

– Eu não sei como provar que eu e Raquel Benayon somos a mesma pessoa, pois não tenho outros familiares vivos, e é impossível, sem alguma genealogia, encontrar o túmulo no qual meus avós estão enterrados.

Já se completava uma semana que Helena e Ângela estavam em Israel quando o acaso pôde completar sua tarefa, porque o tempo propício havia chegado. Estavam as duas em uma banca de jornais quando uma mulher aproximou-se delas:

– Você se parece muito com Hannah Benayon. É sua filha?

Era Berta Lévy, que se apresentou como amiga da família. Ao saber da história e do motivo da viagem de Helena, pôde ser o anjo dessa jornada, juntando passado e presente num enredo mágico que só os anjos são capazes de tecer, sob a permissão de mãos ocultas que colorem o acaso nas franjas da magia.

Helena fez um relato resumido de sua estada em Israel e da busca por sua origem.

– Espere, lembro-me de que, dias antes de seus pais viajarem, eles entraram em contato com um casal de amigos no Brasil que eram ourives e moravam no Rio de Janeiro. Acho que eram Sarah e Bernardo Love. Hannah preparou uma caixa com vários presentinhos para Sarah, chocolate de diversas espécies, retratos do casal com Raquel e outras coisas que não me lembro. Quem sabe você encontra essas pessoas no Rio de Janeiro e elas lhe dão algumas pistas para elucidar seu caso?

Como se tudo estivesse acontecendo agora, Helena lembrava-se do que sucedeu quando ela e Ângela chegaram ao Rio de Janeiro, vindas de Israel. Parecia mesmo que a fortuna estava ao seu lado, pois, após dois meses de busca, chegaram a três possibilidades, das quais duas foram descartadas: um casal de pessoas já falecidas e outro, que era muito jovem. Restava apenas uma opção, sobre a qual se debruçaram. Ligaram para o casal de ourives e marcaram um horário para ver umas peças de ouro.

Helena estava ansiosa, e quando ficou frente a frente com o casal, que teriam por volta de 80 anos, sem que ela esperasse ou mesmo pudesse ter controlado, um choro eclodiu do fundo do seu ventre, um choro que veio subindo, como se saísse do abismo para as mais altas posições da alma e se deflagrasse no corpo, numa torrente impossível de se reprimir.

O casal não sabia o que dizer, mas o silêncio propiciava, nas lágrimas de Helena, um reencontro antecipado pela visão do espírito.

Helena, que levara Antonino consigo, acomodou-o no carrinho e abordou imediatamente o assunto que fora tratar.

– Estou buscando informações sobre Ishmail e Hannah Benayon, que vieram para o Brasil em 1976 e morreram em um desastre em uma estrada perto do local onde Ishmail iria trabalhar como médico pesquisador em hanseníase.

À medida que Helena ia justificando o motivo de sua visita e narrando os fatos dos quais se lembrava sobre o acidente, o semblante de Sarah ia se transformando numa emoção que lhe penetrava todo o corpo, fazendo trêmula sua voz.

– Eu tinha certeza de que algo havia acontecido, tantos anos de silêncio! Por que nos procurou agora, minha jovem?

– Eu e Raquel Benayon somos a mesma pessoa, mas não tenho como provar, nem por documentos, nem por amigos, nem por familiares, pois há uma névoa que ainda não consigo desvelar. Será que minha mente inventou toda essa trama? O que sei é que minha história está completamente perdida. Nada, não me lembro de minha saída de Israel, nem de meus amigos, nem de onde eu estudava. Meu passado é uma porção de fragmentos, como um jogo de quebra-cabeça do qual faltam peças, e se assemelha mais a um mosaico que adquire novas formas e oferece novas possibilidades de observação a cada nova orientação. Vocês são minha última esperança. Se eu não descobrir mais nada, encerro aqui minha busca.

– Não sei se posso ajudá-la.

Sarah pediu licença e voltou alguns minutos depois, trazendo uma caixinha. Abriu-a e começou a mostrar a Helena algumas fotos de Ishmail, Hannah e Raquel. A semelhança de Helena com Hannah era impressionante.

– Estas foram as lembranças que Hannah me enviou antes de vir para o Brasil. Separei para eles um cordão de ouro com uma estrela de davi, para dar de presente a Raquel quando viessem nos visitar. Como não vieram, dei o cordão de presente a uma jovem que trabalhava para mim e que estava para ganhar um bebê. Veja estes desenhos feitos por Raquel.

Nesse momento, Sarah Love tirou da caixa um envelope, abriu-o e entregou o conteúdo a Helena.

– São cabelos de Raquel que Hannah cortou dias antes da viagem. Você pode fazer os testes e ver se você e Raquel são a mesma pessoa.

As buscas de Helena terminavam ali. Havia uma boa quantidade de provas que lhe diriam se era um sonho ou realidade toda a trama que se criara em sua mente.

Os testes comprovaram que as duas eram a mesma pessoa. Helena mudou sua certidão e a de seu filho para que ele pudesse ser reconhecido como Antonino dos Santos Mori Benayon.

A vida tornou possível aquele prodígio, num enredo por trás do aparente caos. A identidade originária lhe foi devolvida das profundezas do espírito, num novo roteiro.

O acaso lhe proporcionava novos caminhos, e Helena sabia que sua existência estava ligada à de Antonino, para além do que se podia ver, mas que está escrito no livro da vida, guardado por querubins e pela esfinge, que em segredo continuam lançando perguntas, ocultas em algum lugar da alma humana, múltipla e UMA ao mesmo tempo.

# Nota

1. Na Cabala há um ensinamento sobre a natureza espiritual do ser humano que o eleva a uma categoria divina, se ele souber conectar-se com as forças que estão guardadas, confinadas em Kether, a coroa mais brilhante da natureza humana. Essas forças estão, aparentemente, confinadas em Kether, mas quando tocadas com delicadeza, respeito e reverência, elas se desdobram e penetram em todas as camadas da matéria, renovando a vida do Justo, seja ele um homem ou uma mulher, imprimindo em sua natureza a força necessária para levantar sua comunidade.

# O EFÊMERO E O DURADOURO

**Enquanto o táxi** movimentava-se pelas ruas do Centro em direção à casa de Hélida Castilho, em Ipanema, Ângela Adler lembrava-se do dia em que fora à piscina do clube Porto Belo, com seu filho Luciano, um amigo dele chamado Hugo e Hélida. Iriam passar o dia inteiro no clube. O lugar estava cheio, era uma tarde muito agradável, de muito sol, e tanto Luciano como Hugo, alvoroçados, foram para a piscina olímpica cheia de meninas.

O tempo foi passando, os jovens estavam radiantes e, depois da piscina, foram jogar vôlei. Como já era a hora, Ângela chamou-os para almoçar e foram todos curtir a comida natural que era oferecida no lugar.

Depois do almoço, os jovens foram dar uma volta pelo clube. Ângela e Hélida foram para as espreguiçadeiras, para não fazer absolutamente nada, apenas descansar.

Lá pelas 17 horas Luciano resolveu dar um último mergulho.

– Fiquei jogando xadrez com um grupo de amigos e Hugo preferiu ir para a piscina. Ele passou por aqui?

– Não, deve ter ido direto para lá. Mas já é hora de irmos embora. Vamos chamá-lo.

Terrível o momento em que descobriram o corpo de Hugo no fundo da piscina, onde jazia de bruços. Ângela chorava e se desesperava sem saber onde encontrar as palavras para contar à mãe. Rogava a Deus que lhe concedesse um instante de coragem e lucidez para que pudesse encontrar a forma correta de relatar o que acontecera.

Aqueles foram minutos que pareceram séculos. Sentia como se estivesse no centro de um furacão, e não sabia onde tudo isso iria dar. Pensava consigo mesma: "Como lidar com este momento? O que pensar de tudo isto?"

Conhecia Hugo desde criança, ela o vira nascer e crescer; era como se fosse um filho. Por esse motivo, a história de Ângela esbarrava nessa ferida que teimava em não cicatrizar. Por mais que o tempo lhe caísse nos ombros, ela não se esquecia de que seu encontro com Deus se dera na difícil experiência da morte. No momento em que teve de ordenar a responsabilidade por tão dura perda, subitamente teve a compreensão do efêmero e do duradouro e do quanto a aquisição da consciência se dá por eventos que abalam as vidas.

Durante algum tempo, isolou-se em suas lembranças, sem conseguir derrubar as barreiras causadas por tão graves acontecimentos. Mas como há um construtor de pontes em cada um de nós, certo dia ela completou a travessia da loucura para a sanidade e conseguiu sair do abismo da culpa e do remorso exatamente para ir à casa de Hélida, sua amiga e irmã por escolha. Iria para comemorar o retorno do filho de Hélida, que estivera fora por muito tempo.

Ângela detestava os dias de verão, as manhãs ensolaradas, que alardeavam sua dor. Gostava dos dias chuvosos, escuros, que representavam mais a inquietude e a tristeza. Apesar do tempo que passara apaziguando as dores, não lhe era fácil recuperar o domínio de si.

Lembrava-se de que, às vésperas do trágico acontecimento na piscina, fora encontrar uma cartomante de origem espanhola, Hemerenciana, que lhe havia sido indicada por Anita Duvivier, sua amiga de infância. Ângela consultou-se não porque tivesse uma questão específica para resolver e sim porque a busca filosófica e espiritual fazia parte de sua vida.

Ao entrar na casa da cartomante, sentiu uma tranquilidade pairando no ar, uma delicadeza de emoções, um mistério. As poltronas, os quadros, o piano de cauda, a escrivaninha, as cortinas, tudo dava ao ambiente um ar de leveza que trazia bem-estar. Era uma sala larga, muito espaçosa. A um canto, sobre uma mesinha, se podia ver uma Nossa Senhora Aparecida e duas velas acesas em belos castiçais, tendo ao meio um grande cristal branco. Naquele momento, teve vontade de rezar, receber as bênçãos e reconciliar-se com algo muito maior do que a própria vida.

A senhora das cartas apareceu. Era uma bonita mulher, de fartos cabelos negros e formas arredondadas, num corpo ainda formoso.

– Sente-se nessa cadeira em frente à escrivaninha, por favor. É a primeira vez que põe cartas?

– Sim, mas não tenho nada específico para perguntar.

A cartomante calmamente começou a embaralhar as cartas e, após algum tempo, sua voz ecoou com firmeza e serenidade pela confortável sala.

– Diga seu nome. Só o primeiro nome.

– Ângela.

A mulher continuou embaralhando o maço por mais alguns segundos e pausadamente tirou quatro cartas, que colocou sobre a escrivaninha, em frente a si mesma. Por algum tempo, ficou olhando as cartas, entendendo os arranjos, compreendendo os contextos nas entrelinhas, fazendo a leitura de algum ponto misterioso que se criara entre intérprete e consulente e se desfaria quando Ângela fosse embora.

– Você vai perder alguém próximo a você, um parente muito chegado.

A cartomante disse mais algumas coisas sobre trabalho, saúde, dinheiro, estudos e terminou a consulta.

Ângela saiu da casa de Hemerenciana com o coração apertado, mas como era uma mulher que oscilava entre a razão e a fé, não soube conciliar os sentimentos e esqueceu-se do assunto. Aprenderia mais tarde.

Lembraria para o resto de sua vida que contar à mãe de Hugo o que ocorrera naquela tarde foi uma das missões mais difíceis que jamais tivera de enfrentar. Recordava que, conforme ia falando, Aurélia Lehman ia chorando, gritando, desesperando-se num espasmo terrível, avassalador, num choro convulsivo que só sai do peito de uma mãe que perde seu filho. Choravam juntas, as duas abraçadas, unidas na tristeza e na dor da perda.

Durante muito tempo as imagens do acontecido teimavam em preencher sua mente. Haviam tirado da piscina o corpo do jovem, um corpo inerte, sem cor, e Ângela, durante algum tempo, esperou que qualquer movimento lhe renovasse a vida e o pesadelo acabasse. Mas nada devolveu ao jovem o viço.

A partir desse dia, alguma coisa mudou na alma de Ângela, em razão da descoberta da fragilidade da vida. Era como se algo dentro dela se conectasse com algo maior, indizível, intenso e delicado; um caminho misterioso que cruzava seu destino, para lhe entregar algo que desconhecia, um sentimento avassalador de solidariedade e amor. Um anseio indescritível, profundo, de conexão rizomática com o outro, uma coesão que se deixava revelar na dor da morte e denotava o quanto a vida é relacional e as histórias se cruzam. Pressentia que, de alguma forma oculta, o duradouro e o efêmero se revezavam na vida e que, ao criarem e destruírem formas, deflagravam em cada mente uma nova visão de mundo.

# As Águas de Iracema

Amiga de Ângela Adler, Hélida Castilhos era dessas mulheres que não vacilam diante da vida, e foi sempre um exemplo de coragem para quantos estivessem ao seu lado. Hélida aprendeu cedo o significado da palavra saudade, pois perdera os pais ainda muito jovem e fora morar com uns tios que ficaram com o único bem que seus pais lhe haviam deixado: a casa da rua Bela.

Sua história mostra que o acaso, em uma tecedura misteriosa, trava com cada um de nós uma intensa batalha, como aquela simbolizada na luta de Jacó com o Anjo de Deus,[1] na qual o Patriarca força Deus a abençoá-lo, criando uma nova trajetória para ele e seus descendentes. Acontecesse o que acontecesse na vida de Hélida Castilhos, sua luta com Deus não permitia tréguas.

Seus pais eram portugueses e moravam em São Cristóvão. Quando sua mãe faleceu, Hélida estava com 12 anos, e foi ela, sozinha, quem cuidou do diabetes do pai, cozinhando para ele e tomando conta da casa. Quando a menina completou 16 anos, morreu-lhe o pai, que fora estivador do cais do porto; o irmão deste, que nunca se incomodara com eles, compareceu ao enterro e avisou para todos os vizinhos e amigos presentes que tomaria conta dela. Na realidade, o que ele e a esposa fizeram foi se apropriar da casa da rua Bela.

– Será a nossa paga por ter de cuidar dessa menina entojada.

Assim que puderam, venderam a casa e compraram um apartamento. Hélida jamais viu um tostão de sua herança.

A jovem ficou como uma espécie de empregada da casa e guardava bem na memória o dia em que, ao chegar do cemitério, depois de haver enterrado o pai, dissera à tia que estava com fome. A megera mandou-a comer as goiabas do quintal, porque não havia comida.

Lembrava-se de ter sentado ao pé da goiabeira e chorado a vida que não vivera ao lado dos pais, pois sabia que dali para a frente nada lhe seria fácil.

O tempo passou e, quando fez 18 anos, resolveu procurar emprego. Como não tinha instrução, foi trabalhar numa casa de família ali mesmo em São Cristóvão. Dona Sanzuza foi um anjo na vida de Hélida. Gostou da menina e fez o que pôde para orientá-la e encaminhá-la.

Foi nesse período que sua vida começou a mudar, pois a velha senhora a tratava com muito carinho e a incentivava a estudar. A jovem fez o supletivo e rapidamente terminou a escola. A partir de então, começou a pensar em uma profissão e fez um curso técnico de enfermagem, indo trabalhar em um hospital no bairro da Glória. Foi lá que conheceu o Dr. Amílcar Castilhos, com quem se casou e teve dois filhos, João Vítor e Sofia Luz.

O acaso, no entanto, nem sempre trabalha do jeito que queremos, a partir de nossos valores. Ele tem as próprias leis, e quando Hélida deu por si estava acumulando mais uma saudade, pela perda do marido, que morrera em um desastre de automóvel.

Ela teve de reorganizar sua vida, refazer sua jornada para cuidar dos filhos e continuar trabalhando.

Vendeu o apartamento onde moravam no Grajaú e, com parte do dinheiro que recebeu do seguro após a morte do marido, comprou um apartamento na Gávea, e abriu um brechó em Laranjeiras. Foi dessa forma que ela foi se tornando a mulher que todos admiravam, que era doce como mel mas que possuía uma grande força. Os desenganos a ensinaram a não perder as esperanças, deram-lhe capacidade de desapegar-se dos bens materiais e valorizar o amor, a paciência e a solidariedade.

Depois disso, Hélida criou seus filhos sozinha e não se envolveu com mais ninguém, embora não lhe faltassem pretendentes. Os filhos cresceram e entraram para a universidade. João Vítor fazia direito na PUC e Sofia Luz cursava o ensino médio.

Era o final dos anos 1960 e os filhos de Hélida participavam ativamente das discussões políticas da universidade, embora não pertencessem a nenhuma organização em particular. Tornaram-se socialistas convictos e acreditavam que uma sociedade mais justa – com trabalho, educação, cultura, moradia e saúde seria o melhor para todos.

Era assim que viviam Hélida e os filhos. Como o acaso põe e dispõe num jogo aparentemente caótico, no dia 29 de novembro de 1969 tudo aconteceu. Durante muitos anos Hélida lembraria da data como aquela em que sua vida novamente se quebrara e ela teve de reaprender a desenvolver outros valores a fim de compreender os caminhos que se apresentavam pela frente.

Naquele dia 29 os jornais estampavam a prisão de alguns jovens, e Hélida reconheceu dois deles, que já haviam ido à sua casa.

Era um tempo de arbitrariedades, e bastava estar numa fotografia ao lado de alguém sob investigação para ser considerado altamente perigoso para a sociedade; daí para a prisão, a tortura e o desaparecimento era um pequeno passo. Foi por esse motivo que João Vítor e Sofia Luz saíram de casa e avisaram a Hélida que ficariam algum tempo fora, pois a polícia estava prendendo todos que conviviam com aquelas pessoas e, certamente, os procuraria.

João Vítor entrava em contato de dois em dois dias para avisar que estava tudo bem com eles. Hélida estava arrasada, não sabia mais como se comportar. No entanto, tinha de seguir com a vida, trabalhar, e, como eram tempos muito difíceis, não podia contar com muitas pessoas no trabalho, pois não sabia quem ali era informante e quem não era. Preferiu então se calar e guardar para si a tristeza e a angústia.

Uma semana passou e João Vítor não ligou. Mais duas semanas e nada. Hélida teve a certeza de que algo terrível havia acontecido, até que recebeu a informação de uma jovem que a procurou na saída do trabalho.

– Quero lhe dizer que seus filhos foram presos e estão no quartel da rua Barão de Mesquita. Caso a senhora tenha como manter contato com eles, faça-o rápido.

Hélida procurou por Renato, marido de uma amiga do trabalho que era advogado de confiança. Imediatamente, ele lhe trouxe a informação de que Sofia Luz estava onde a jovem lhe informara, presa por ter sido fiadora de uma das pessoas que praticaram um assalto a banco, mas que João Vítor não estava naquela unidade.

Enquanto o Dr. Renato reunia a documentação para libertar Sofia Luz, Hélida peregrinava por todas as unidades da Marinha, do Exército e da Aeronáutica para encontrar seu filho. Em vão.

Quando Sofia Luz foi solta, Hélida a estava esperando e abraçou-a chorando.

– Onde está seu irmão?

– Foi preso junto comigo, mas não o vi mais.

Hélida não descansou, e nos meses seguintes procurou por várias pessoas que lhe eram indicadas, na tentativa de localizar seu filho, mas era tudo em vão. Naquele ano, chorou muito, porque pressentiu que talvez nunca mais encontraria o filho.

João Vítor tinha 21 anos quando desapareceu, e tanto Hélida quanto Sofia Luz tiveram de conviver com esse rompimento, essa perda terrível. Hélida dizia à filha:

– Sinto-me numa corda bamba e tenho de continuar caminhando como se estivesse em terra firme. É como se o que eu construí em termos de valores não servisse para conviver com tudo isso.

Dez anos se passaram e Hélida Castilhos jamais esqueceu o filho. Era uma ferida aberta que sangrava todos os dias, pela impossibilidade de chorar com dignidade por ele, sobre seu corpo.

Em janeiro de 1980 resolveu reunir as roupas de João Vítor, seus pertences, e dar a quem precisasse. Não teve coragem. Apenas arrumou tudo mais uma vez, e fazê-lo trouxe um pouco de paz ao seu coração, como se em algum lugar do universo João Vítor existisse e fosse voltar. Hélida não capitulava diante das circunstâncias, pois as esperanças permaneceram acesas em seu coração.

Ângela Adler, amiga de todas as horas, conhecendo de perto a tristeza de Hélida, convidou-a para passar uma tarde na casa de Hemerenciana Castro, uma cartomante com quem acabou travando amizade.

– Você vai gostar. Vamos tomar café com bolo de laranja.

– Hum! Você me convenceu.

Chegaram à casa de Hemerenciana, na Gávea, por volta das 16 horas. Após conversarem e rirem juntas, como fazem antigas amigas, Hemerenciana abriu as cartas da sorte para Hélida.

– Você quer fazer uma viagem e, veja, as cartas se abrem falando exatamente isso. E dizem que será um grande momento em sua vida.

Hélida ouvia atentamente e retrucou:

– É certo que vou para o sul, até já reservei as passagens e só quero saber se a viagem vai ser agradável.

– Minha amiga, pelo jogo, vou lhe dizer que, com certeza, você deve ir para o nordeste, e lá, mais precisamente em Fortaleza, você vai reencontrar um antigo amor de menina. Sua vida vai mudar.

Ângela, Hélida e Hemerenciana riram muito, mas diz a cultura popular que "as cartas não mentem jamais".

Incentivada pelas amigas, resolveu então fazer uma viagem pelo nordeste.

Sofia Luz a incentivou.

– Faça essa viagem, mãe, vai ser muito bom para você.

Hélida preparou tudo e no final de janeiro embarcou para a Bahia. Conheceu várias praias e ao fim de 15 dias dirigiu-se para Fortaleza. Chegou à praia de Iracema em dia de luau. A região estava animada, muita gente, vários bares e restaurantes lotados. Hélida visitou o planetário e a exposição de cultura cearense. À noite, saiu do hotel para ir ao luau, queria se misturar um pouco com as pessoas, como se pudesse, numa osmose milagrosa, tirar o peso de sua alma, tomar algo daquele conhecimento que combinava prazer e alegria.

Caminhou pela praia por duas horas e, ao chegar do outro lado, parou em uma barraca que acolhia vários visitantes. Havia comida, bebida e muita animação. Sentou-se a uma das mesinhas.

Ao olhar para o lado, viu, sentado na areia próximo à sua mesa, um rapaz barbado, sujo, um mendigo. Levantou-se tropegamente, quase caindo, e dirigiu-se ao rapaz.

– João Vítor, você é João Vítor?

O rapaz olhou-a e permaneceu calado. Uma pessoa que trabalhava na barraca aproximou-se de Hélida e lhe disse:

– Ele não fala. Creio que é mudo. Mas ele ouve.

– Você o conhece?

– Sim, ele vive aqui na praia há muitos anos. Os pescadores o ajudam, mas ele é demente. Creio que perdeu o juízo. Dizem que perdeu a família num desastre de carro e ficou por aqui. Não faz mal a ninguém, e ninguém nunca veio procurá-lo.

Calmamente, Hélida afastou-se do bar e sentou-se mais perto das águas do mar de Iracema, perto de João Vítor. Com cuidado, tentava encontrar as palavras para explicar ao rapaz tudo o que estava acontecendo. Começou a falar e notou no rapaz um alheamento conhecido e que, muitas vezes, a levara a chamar sua atenção, quando jovem. Falou durante algum tempo com ele, sua voz tinha uma suavidade e uma firmeza que só a Grande Mãe que reside nas profundezas do oceano possui.

Incorporada das forças provenientes da avassaladora natureza feminina, Hélida era a mãe de João Vítor, que cuspido tal qual Jonas da barriga da baleia renascia em seus braços, nas águas de Iracema.

"O que lhes reservaria o futuro? Ter-se-ia abrandado a ira de Deus?" Os pensamentos de Hélida buscavam antever o futuro, mas sabiamente lembrava-se das palavras da mestre budista Ani Zamba: "Não olhe para o que você não vê, olhe para o que você vê." E o que ela via? O que havia perto dela? João Vítor renascido das águas do mar de Iracema, as luzes da cidade que estavam se acendendo, o bar cheio de gente que tocava uma alegre música e o verde-azulado das águas que se encontravam com o azul do céu no horizonte. Nesse entardecer mais lindo que os olhos humanos já viram, podia-se divisar a lua e as estrelas que brilhavam e se espelhavam nas águas de Iracema e nos olhos de Hélida, numa alquimia tão profunda que seria difícil a um poeta decifrar quem estava reproduzindo o quê.

Como o tempo não é parte mas sim a própria essência de tudo, progressivamente, João Vítor começou a se comunicar, a se interessar pela vida. No entanto, uma amnésia profunda encobria-lhe a mente. A médica que acompanhava o caso não se deixava abater.

– Tenhamos paciência, João Vítor pode nos surpreender. Percorreremos com muito cuidado essas áreas sombrias, não tenhamos pressa. Este jovem está reconstruindo a alma com os fragmentos do caos em que mergulhou.

Os meses foram se passando e o tratamento fluía com progressos visíveis. Era fim de ano e Hélida convidou as amigas para fazerem um lanche em sua casa, em comemoração ao retorno do filho. Convidou também Hemerenciana, a nova amiga. Era um sábado ensolarado e Hélida parecia renascida para a vida. Estava feliz.

As amigas levaram de presente num canudo de metal um pergaminho enrolado.

À noite, depois que as amigas se foram, Hélida abriu o pergaminho, desenrolou-o calmamente e deparou com a ilustração da "Luta de Jacó com o anjo", de Gustave Doré. Ela contemplava os eventos sem estabelecer nenhuma análise, e talvez a racionalidade não fosse a melhor forma para lidar com todo o conhecimento que estava adquirindo.

O certo é que estavam refazendo suas vidas. Cada dia era um recomeço, e cuidadosamente deveriam colocar pedra sobre pedra, sem pressa, sem expectativas, sem presumir absolutamente nada, olhando apenas para o que estivesse diante deles, simplesmente abertos para a vida, deixando ao Criativo a incumbência de gerir os acasos.

# Nota

1. Gênesis 32, 23.

# Fantasmas e contradições

**Após a morte** de seu filho, Aurélia Lehman atirou-se com afinco ao trabalho e dedicou-se aos outros dois filhos, buscando compensar a ausência de Hugo. Todos os dias de manhã, fervia a água da chaleira para o café, colocava a roupa na máquina, esvaziava a cesta de lixo do banheiro, lavava a louça que havia ficado do jantar, colocava o lixo na lixeira, lavava alguma peça de roupa que precisaria usar no dia seguinte e que não poderia pôr na máquina, passava uma vassoura na casa, arrumava a cama, colocava a mesa para o café, fazia o lanche matinal, tomava um banho e fazia suas abluções, escovando com critério os dentes.

Aurélia Lehman, como a maioria das mulheres, fazia muitas coisas ao mesmo tempo: trabalhava, cuidava da casa, dos filhos, esmerava-se na aparência e nos cuidados com os pés e apreciava os momentos em que podia relaxar, o que nem sempre era possível.

Agora, diante do espelho, olhava sua aparência, vestindo-se para ir ao trabalho no banco, e pensava: "Será que era esse o destino que eu deveria ter vivido? Ou será que o acaso, de tocaia, aproveitou minha displicência e me conduziu por uma vida que não era a minha? Ou será que, ao contrário, conhecendo o sentido de minha existência, me fez as honras e a companhia na travessia dessa viagem que tem sido a minha história?"

Aurélia se perguntava num exercício de reflexão, mas não esperava respostas, nem específicas, nem abrangentes, pois sabia que elas não podem ser obtidas. Talvez os anjos soubessem decifrar a ordem incompreensível dos acasos, mas ela não dominava a linguagem dos anjos, e ainda estava aprendendo a seguir em frente.

Oriunda de uma família grande, mas desunida, Aurélia tinha 11 irmãs, que viviam cada uma por si e não se interessavam muito umas pelas outras. Ela sentia falta da cumplicidade familiar que, de fato, nunca teve.

Quando se casou, logo lhe vieram os quatro filhos: Hugo, o mais novo, Laís, advogada, Irineu, médico, e Mário, o mais velho, arquiteto. Aurélia e Adolfo viveram dez anos de um casamento equilibrado, até que o marido apaixonou-se por uma moça e pediu o divórcio. Desde então, como pai, deixava muito a desejar, mas fizera dos filhos uma obrigação financeira, que cumpria religiosamente ao final de cada mês.

Aurélia seguiu em frente com uma certeza íntima de que cada coisa se resolveria a seu tempo. Assim como Roma não fora feita em um dia, ela estava aprendendo a aceitar os ciclos da vida, reconhecendo que há um ritmo e um compasso para tudo, e dependia dela não se envolver em recordações.

Lembrava-se sempre do filho Hugo, que teria 29 anos se ainda fosse vivo, mas morrera afogado há 12 anos. Percebia que cada filho tinha um lugar em seu coração e que havia um buraco em seu peito, que nada nem ninguém seria capaz de preencher. Era a mulher enlutada do mito do barqueiro, cujo barco não chegou ao porto, deixando-a sem seu menino.

Para não se perder nas lembranças, Aurélia se lançava no trabalho no banco e em casa, fazia tudo com muita dedicação, para afastar o vácuo que por vezes teimava em preencher todos os espaços. Dizia para si mesma: "Antes que me surpreendam os problemas, vou tratar de inventar alguma coisa para fazer."

Muitas vezes, era comum surpreendê-la calada, observando a tudo mais com o instinto do que com a razão. Em algumas ocasiões, não podia afugentar um sentimento tenebroso diante das injustiça, e nessas horas sussurrava, quase como numa oração:

– O destino é traiçoeiro e pode pregar uma peça. Enquanto se pensa que ninguém vê o que cada um faz, o anjo da vida já colocou o feito, o desfeito, as virtudes e os defeitos na balança. Então, é melhor pedir a Deus, todos os dias, que cure a fraqueza da falta de compaixão e nos perdoe.

Outras tantas vezes, era uma mulher carinhosa, alegre, cheia de humor diante das dificuldades, estimulando sempre as pessoas a seguirem adiante, porque tudo passa e novos amigos sempre chegam. Havia também momentos em que era ela quem, em suas orações, intercedia junto aos céus para que o sol se levantasse em paz no dia seguinte e cobrisse de luz os homens e as mulheres deste mundo e de outros que porventura existissem.

Amava seus filhos, sempre os orientou com amor, mas nunca interferiu em suas vidas. Criou-os praticamente sozinha, deu-lhes valores sólidos, um bom caráter, sensibilidade, transmitiu-lhes a importância do amor ao próximo e do respeito pela vida. Quando percebeu as contradições da natureza de Mário, não se assustou com a verdade, mas tratou de lidar corajosamente com a questão, porque estava ciente dos preconceitos que seu filho iria enfrentar. Portanto, era necessário ao rapaz reforçar ainda mais suas crenças e valores no amor e no respeito a si mesmo.

Mário cresceu em paz durante a adolescência e a juventude, com autoestima elevada, porque Aurélia teve como preocupação mostrar-lhe a importância de buscar dentro de si o verdadeiro sentimento do amor. Ela sempre lhe dizia:

– Quando uma pessoa desenvolve o respeito por si mesma, o amor aparece para ficar. Basta ter paciência.

Ultimamente, Aurélia Lehman estava preocupada com Mário, que sofria do mal do amor, que é quando a pessoa se deixa envolver, se deixa magoar, continua amando sem se valorizar, como se fosse um rio que ficasse esparramado, sem os seus limites, e evitasse prosseguir em seu caminho em direção ao mar.

Ele tivera dois companheiros que não deram certo, e o último, Eduardo, deixou-lhe tanta mágoa que Mário ainda lutava contra o sentimento de solidão, tentando resgatar sua alma e sua dignidade. O jovem gostava do rapaz, mas este se envolvera com outra pessoa, dizendo-lhe de repente:

– Estou me mudando, vou morar no apartamento de um amigo, não fique aborrecido, isso acontece. Nós vamos viajar por um mês e, quando voltarmos, já estaremos instalados.

Mário ficou triste, sentiu-se humilhado pela falta de delicadeza com que foi informado do fim do relacionamento. Fora tudo muito abrupto. Sua autoestima baixou. Quando Aurélia soube dos acontecimentos, disse ao filho:

– Não gostei dele desde o princípio. Pareceu-me mau-caráter, egocêntrico. Mas não adianta falar, às vezes vocês têm que ir até o fundo do poço para ver o quanto é profundo e o quanto está vazio.

Com o tempo, Mário ia se recuperando, buscando viver sua vida e encontrar o verdadeiro sentido de existir como uma pessoa com direito a ser feliz, amar e ser amado. Cada novo dia era um milagre a ser revelado.

Em alguns momentos, ele se sentia como se tivesse nadado para o meio do oceano e não pudesse voltar em uma só braçada, embora quisesse. Era como se nadasse, nadasse, nadasse e o compasso de tudo não lhe permitisse chegar a um lugar seguro.

Os dias foram se passando e Mário já se sentia dono de sua alma. Já não estava mais aturdido nem desamparado com a separação. Mas a tristeza ainda o surpreendia e o tomava por inteiro, não lhe permitindo distração alguma.

Mário deixou para trás as lembranças daquele amor, que na verdade era uma enfermidade, que doeu, machucou, e para a qual o único remédio seria bom-senso e consciência. E como tudo se transforma com o tempo, Mário até já admitia sair com amigos. No domingo era o aniversário de Eleonora Viana, uma advogada, colega de sua irmã, e ele resolveu ir. Era sua primeira saída após a separação. Ele sabia que ainda estava em processo de cura.

A festa era no Leme, na casa de amigos, e os mais próximos de Eleonora foram convidados. A reunião estava animada, com música ambiente, bebida e comida à vontade. Mário sentou-se em um canto do sofá, saboreando o uísque, ainda incapaz de se misturar, e ficou imerso em suas lembranças. Para não se envolver em recordações, instintivamente levantou-se e caminhou para o outro lado do salão, a fim de pegar outro drinque. De repente, à sua frente, aparecidos como por encanto, estavam Eduardo e seu novo amor. Era demais! Será que não tinham viajado? Teriam voltado antes do tempo? Sentia-se saturado e queria fugir de tudo aquilo.

Mário cumprimentou-os, mas sua vontade era ir embora, e foi o que fez, encaminhando-se vagarosamente para a porta, como quem já há algum tempo estivesse de saída. Desceu as escadas sem esperar o elevador. Sentia um misto de raiva, tristeza, amor e humilhação. As contradições eram insuportáveis. Amava e odiava ao mesmo tempo.

Ao chegar à rua, uma chuva suave e aconchegante o recebeu, como que lavando sua alma, e Mário resolveu caminhar um pouco pela orla da praia do Leme. Olhava as ondas que se enrolavam e vinham desmanchar-se na areia e disse a si mesmo: "Tomara que a minha dívida com Deus tenha sido quitada."

Ele resolveu ir caminhando até a casa de sua mãe, em Ipanema. Eram 4 horas quando chegou, sem fazer barulho, mas a mãe estava em pé na sala, como se estivesse esperando, adivinhando o processo íntimo da dor e da solidão que o consumia e para o qual não havia refúgio. Mário não falou nada – nem precisava.

A vontade de Aurélia, porém, era dizer-lhe instintivamente: "Tenho certeza de que você encontrou aquele canalha do Eduardo. Aquele cara não presta, vi logo que o conheci. Tomara que desapareça." Mas controlou sua natureza – estava aprendendo – e, em vez disso, abraçou o filho e levou-o à cozinha, onde preparou café com torradas e um chá, contando-lhe com muito humor alguns episódios engraçados do seu dia no banco.

Aurélia e Mário eram duas pessoas que viviam as contradições da natureza instintiva, que tornam a alma avassaladora, protetora, vingativa, criativa, amiga, doce, cruel, suave.

Diga-se de passagem que nenhum deles aceitava as mudanças da vida. Estavam aprendendo a usar o instinto e a emoção, que tanto elevam quanto arrastam os destinos num jogo de forças atávicas, próprio da natureza humana, masculina e feminina ao mesmo tempo.

Quem sabe um dia chegasse o momento certo e ambos exorcisassem os fantasmas, se libertando do passado e reinventando para si o verdadeiro amor? Mas antes era preciso que se reconciliassem com Hades[1] e com Deus e encontrassem um refúgio afortunado em si mesmos para viver em paz e com amor, sem presumir nada, simplesmente permitindo que o acaso, de modo oculto, recriasse suas vidas.

# Nota

1. Na mitologia judaico-cristã, Hades é o rei dos infernos. Ele era irmão de Zeus, que deu a ele o reino das trevas como parte de sua herança. No tarô ele é a carta 13, de A Morte, que rapta Perséfone, filha de Ceres, e a leva para viver com ele em seus domínios abissais, e ela se torna a rainha dos infernos. Perséfone é a carta 2, de A Sacerdotisa, no tarô e representa o inconsciente, as trevas.

   Na mitologia grega, Perséfone representa o elo misterioso com o mundo interior, o potencial de cada um, o destino do indivíduo, que está guardado no útero do mundo das trevas. Perséfone tece o destino, junto com suas artesãs, as moiras, a partir desse ponto invisível. Hades é Plutão, seu reino é cheio de riquezas ocultas, e cabe a Perséfone administrá-las.

# As mulheres do Matosinho

**A história de Antonino** dos Santos Mori se configurava num quebra-cabeça cujo todo não era do domínio de ninguém. Na verdade, algumas peças estavam guardadas com pessoas que não se conheciam, mas que foram juntadas pelo Criativo segundo as leis do acaso.

Tudo começou lá no Matosinho, no bairro da Leocádia, num subúrbio da Leopoldina, onde todo mundo se conhecia. Uma vida simples e compartilhada para o bem e para o mal, de uma gente que aprendera a viver junto, dividindo as dificuldades, confirmando a suspeita de que as mulheres sabem conjurar calamidades e fazer milagres porque têm ligação direta com Deus.

As mulheres não tinham muita influência na comunidade, mas resolveram formar o grupo de mulheres do Matosinho, e a vida da comunidade começou a mudar, com soluções por elas propostas. Inovadoras, suas decisões enfrentavam as limitações e contradições da natureza humana. Pode-se dizer que formavam um conciliábulo, um tribunal de mulheres conquistadoras e agressivas, com uma autoridade inegável, que se erguia sobre tudo e sobre todos, se houvesse necessidade.

Cada uma das mulheres ocupava uma posição dentro do grupo: na hora da injeção, era a Divineia; quando havia necessidade de benzedura, era a vez de Donana Miranda; para pegar as crianças no colégio, eram Milurdes, Candeia ou Adamanta. Na organização e no planejamento das festas, estavam sempre a Ana Bola e René Lopes, a qual, além de doceira, era ligada às artes. Nos projetos, estavam a Love e a Jurema, que estudavam pedagogia. A Noranei estava terminando o ensino médio e queria ser economista, mas, por enquanto, fazia faxina em algumas casas da Zona Sul.

Moradora do Matosinho, Deusamar tinha 33 anos. De pele negra, olhos azulados, corpo esculpido em formas arredondadas, belos cabelos encarapinhados, que ela prendia no alto da cabeça, sem repuxar, num coque que a tornava mais bonita ainda, junto a seu sorriso de madona, lábios grossos e dentes de uma brancura e perfeição que pareciam de porcelana da mais rara espécie. Pode-se afirmar, sem medo de exagero, que Deusamar era uma bela mulher. Muitos homens a desejavam, eram muitos os pretendentes, mas ela passou a viver com Calixto Moreno, que trabalhava numa fábrica de sorvetes. Quando se casou com Calixto, já tinha dois filhos, a menina Dina Lena, de 11 anos, e Tamir, de 7. Moravam numa casa de alvenaria de quarto e sala.

Era Páscoa, e, como em todos os anos, as mulheres estavam animadas com o preparativo da festa para crianças e adolescentes. Fizeram bolos, salgados, doces diversos. Haveria uma apresentação de dança de salão, com direito a premiação dos melhores, e seria passado um filme com debate ao final da exibição.

Toda a comunidade estava envolvida na festa, que foi até umas 3 horas. As crianças entravam e saíam na maior algazarra, enquanto os adolescentes curtiam as músicas e dançavam sozinhos ou aos pares. A reunião foi se esvaziando e, como era de hábito, as pessoas iam partindo aos grupos. Deusamar e as outras mulheres resolveram que o lixo seria retirado no dia seguinte, com a ajuda dos jovens que integravam o grupo dos Cidadãos do Meio Ambiente do Matosinho.

Deusamar chamou a filha Dina Lena e preparou-se para sair, junto com as outras mulheres:

– Cadê teu irmão?

– Ele disse que estava com sono e ia para casa dormir.

– Por que tu não me falou? Tu não sabe que eu não quero vocês sozinhos à noite andando pelo morro?

– Desculpa, mãe, mas eu tenho certeza de que ele está dormindo lá em casa. Vamos logo ver. Vamos embora.

O problema de uma só mulher era preocupação de todas. Como a festa já havia terminado, as mulheres saíram em direção às suas casas. Caminhavam se embaralhando umas com as outras, conversando, parando, voltando, rindo, gesticulando, falando ao mesmo tempo. Dava gosto ver aquelas mulheres caminhando juntas, na profusão de cores de seus vestidos, na diversidade de talentos, cada uma a seu jeito mudando a vida das outras. Elas tinham entre si hierarquia de valores, ideais espirituais, código de ética e autossuficiência adquirida na disciplina de um dia a dia marcado pela violência. Prevalecia nelas o espírito, não o instinto, na antevisão necessária aos fatos para alcançar os objetivos traçados de forma conjunta.

Pararam na porta de Deusamar e esperaram que ela voltasse com uma notícia sobre o menino. Deusamar entrou em casa e foi direto à cama do filho. Ficou feliz ao vê-lo e se aproximou para dar um beijo de boa-noite. O menino estava todo molhado de urina, cheirando a fezes, e tremia com os olhos abertos, olhando para um infinito inexistente. Ela o pegou no colo, enrolando-o nos lençóis, e levou-o para fora de casa.

Aquelas mulheres haviam estabelecido, juntas, um código de autorrespeito que as orientava a fazer uma escolha, a fim de estabelecer um princípio que lhes possibilitasse enfrentar os desafios da vida na comunidade. Eram, ao mesmo tempo, protetoras, generosas e complacentes com os fracos e os oprimidos, mas podiam ser más, vingativas e cruéis caso suas leis fossem desrespeitadas. É verdade que chegavam a ser rígidas e intolerantes, mas diga-se a seu favor que, para viver no morro do Matosinho, elas precisavam daqueles padrões e crenças.

O menino chorava um choro curtinho, como se estivesse tomado pelo medo de acordar algum monstro, e nada o fazia parar de tremer. Os olhos esbugalhados denotavam a memória de alguma cena que teimava em repetir-se e repetir-se.

Deusamar, com o menino no colo, não sabia o que fazer. As mulheres levantaram-se calmamente, rodearam o menino e, com muita clareza e decisão, começaram a examiná-lo. Foi uma compreensão coletiva, por osmose. Elas olharam a carne do menino e constataram a agressão que havia sofrido.

– Esse menino tá todo machucado. Quem será que fez isso?

– Fala Tamir, pelo amor de Deus, quem te fez isso. Quem foi?

O menino não respondia.

– Se você não falar, porcaria, juro que corto a tua língua.

Deusamar chorava de raiva, ao mesmo tempo em que sacudia o menino, no seu jeito brusco de quem está acostumada a resolver os problemas com rigor e mão firme. Ana Bola chamou-a à razão:

– Não podemos perder a cabeça agora. Vamos precisar de calma para contornar a situação. Precisamos ser realistas, o assunto é grave.

Milurdes, com paciência e habilidade, abraçou o menino:

– Tamir, a gente tem que acabar com essa agonia, não tenha medo. A alucinação passou. Quem foi que estava com você e te fez isso?

– Foi Calixto Moreno.

Quando Tamir saiu da festa de Páscoa, foi para casa. Estava com muito sono, falou com a irmã e saiu. Ao chegar em casa, foi logo se deitando na sua cama. A casa estava sem luz, como toda parte do morro daquele lado. De repente, o menino, que estava de bruços, viu Calixto se aproximar e, com uma das mãos, fechar sua boca, e, com a outra, abaixar-lhe o shortinho, mantendo-o imobilizado, com as mãos imprensadas nas costas pelo joelho.

– Bico calado, que acaba rápido. É melhor você cooperar, porque gritar você não pode e não vai contar para ninguém, porque senão eu vou te matar. Tô de olho em você há muito tempo.

Os olhos do menino estavam vidrados, como quem perdera o tino. O som que saía de sua boca era um grunhido mudo, silencioso, daqueles em que o grito sai para dentro. Quando acabou o pesadelo, o menino nem se levantou, e Calixto caiu na cama no cômodo ao lado e dormiu profundamente.

Não era preciso que o menino contasse àquelas mulheres o que acontecera, até porque não saberia fazê-lo, não só pela pouca idade, mas pelo choque, mas aquelas mulheres adivinharam todo o roteiro que estava por trás dos olhos de vidro de Tamir. Cada palavra não dita, cada grito sufocado, cada gesto, cada cheiro, tudo nos mínimos detalhes, elas conheciam, porque fazia parte de suas histórias.

As mulheres entreolharam-se e Ana Bola levantou-se:

– Vou lá em casa preparar um bom suco de laranja para todos nós. Deusamar, bota a mesinha aqui fora e arruma com o bolo e os doces que trouxemos. Faz isso, eu não demoro.

Ana Bola saiu entoando um bonito canto de Ogum, com sua bela voz. E já estava a uma pequena distância quando falou:

– Aproveita e acorda o Calixto. Ele não foi à festa, mas a festa virá até ele.

Deusamar entrou em casa, colocou o menino de volta na cama:

– Fica quietinho esperando a mamãe chamar.

Fez com o dedo o sinal de silêncio e foi acordar Calixto:

– As mulheres trouxeram o que sobrou dos salgados e doces. Estão aí fora comendo e tomando suco. Você não quer?

Calixto levantou-se e foi se juntar ao grupo. Estava com um cheiro estranho. As mulheres entreolharam-se e Noranei lhe disse:

– Senta aí, Calixto. Não fica de jejum, come com a gente. É o enterro dos ossos.

Quando Ana Bola voltou, trazia um jarro com o suco de laranja, que colocou na mesinha. Calixto já estava saboreando os doces e salgados e conversando com as mulheres, animadamente. Comeu mais alguns salgados e doces e tomou quase a jarra inteira de suco de laranja. Não terminou a última frase, porque caiu morto, batendo com a testa na quina da mesa, passando desta para melhor e livrando o mundo de sua presença.

Deusamar trouxe cobertores e um plástico azul, e as mulheres enrolaram Calixto, que não era um homem muito grande. Enquanto Deusamar, Jurema e Ana Bola envolviam Calixto em sua mortalha para o último passeio ao pico do morro, as outras mulheres voltaram ao local da festa para ensacar o lixo que haviam deixado para trás. Passava das 4 horas quando iniciaram a subida, carregando todos os fardos da festa. Calixto não comparecera, e ninguém o vira. Assim era melhor. Como uma procissão, começaram a subir o morro.

– Oi, garotas, querem uma ajuda?

Ana Bola respondeu a Damião:

– Obrigada, Damião, é o lixo da festa.

– Por que não esperaram pelos jovens da comunidade pra limpar a sujeira? Livrava desse trabalho.

Ana Bola parou e com muita calma e brejeirice saiu-se com esta:

– O lixo já estava fedendo e nós, mulheres, somos as rainhas do lar. Mas veja lá, Damião, passa lá em casa daqui a pouco, vamos tomar um vinho. Ganhei um Porto numa rifa. O que acha?

– Ó, nega, não precisa falar duas vezes. É só o tempo de me arrumar e você voltar.

– Então, vamos lá!

A procissão de mulheres continuou a subir. A chuva miúda que começara depois da festa agora havia passado. As estrelas brilhavam no céu, clareando a noite.

Elas subiram ao alto do morro e posicionaram-se no entorno do buracão onde se queimava o lixo. Saco por saco foram jogando, num ritual do qual só elas e os astros noturnos eram testemunhas. Não havia lâmpadas no alto do morro, só a luz das estrelas e da lua. Eulina, Candeia e Adamanta começaram a rezar baixinho, enquanto Ana Bola cantava um hino.

– Ogum é guerreiro, Ogum é rei. Ogum vence a demanda, Ogum é lei.

Ao fim das orações e cantos, jogaram álcool sobre o lixo no buracão e atearam fogo. As chamas ainda crepitavam quando as 11 mulheres desceram o morro, quietas, cada qual com seus pensamentos. Foram para suas casas e de manhã bem cedo cada uma partiu para seus afazeres.

O dia de Páscoa passou, Calixto sumiu e ninguém procurou por ele. Até a vida continuou igual no morro do Matosinho, como sempre.

# UM TRIBUNAL DE MULHERES

**Já se haviam** passado uns dois meses da Páscoa e a vida na comunidade continuava com seus altos e baixos. Era sexta-feira e Deusamar pegou o trem bem cedo, pois era dia de faxina e queria dar conta do serviço para voltar para casa sem demora. Era aniversário de Ana Bola e as mulheres lhe fariam uma surpresa. Enquanto o trem corria certo pelos trilhos, ela pensava em como a vida das mulheres era misturada, embaraçada como as linhas das mãos. Lembrava-se do que ocorrera no ano anterior, às vésperas do Natal.

**A filha de Ana Bola,** Amanda, estava grávida. Era uma boa menina, mas muito ingênua; apaixonou-se por um rapaz da comunidade que estava envolvido com o tráfico de drogas. A jovem trabalhava como faxineira para um casal de ourives que moravam em Ipanema e quando saiu para ganhar a criança seus empregadores lhe deram de presente um cordão de ouro com uma estrela de davi. Ana Bola, a pedido da filha, guardou o presente.

Amanda teve o filho, branco igual ao bisavô dela. A criança tinha um sinal de meia-lua no lado esquerdo da face. O pai era considerado por todos muito perigoso e havia ligado dizendo que queria ver a criança. A própria Amanda tinha medo dele.

– Sábado à noite estarei aí, para ver meu filho.

Ana Bola estava preocupada. Amanda não sabia o que fazer e a mãe percebeu seu receio.

– Ignorante e sem conhecimento como esse rapaz é, jamais vai entender esse capricho do destino e talvez faça alguma maldade com a criança. Tenho medo do que possa acontecer com meu menino.

**Deusamar continuava** absorta em seus pensamentos enquanto o trem corria pelos trilhos em direção à Central. Lembrava-se, como se fosse hoje, do que acontecera com o menino branco, neto de Ana Bola.

Recordava-se de cada passo que Ana Bola dera naquela noite em que preparara o menino para que Amanda o levasse para Macaé, onde tinham amigos.

**Com o pequeno Moisés** ao colo, Amanda desceu o morro e pegou o primeiro ônibus que ia em direção a Jacarepaguá. Pressentiu que estava sendo seguida pelo namorado e perdeu a noção do que deveria fazer. Com medo, continuou dentro do ônibus, que chegou ao ponto final. Enredada em seus pensamentos, não tinha ideia do rumo a tomar. Não sabia o que fazer. Desceu do ônibus, caminhou um pequeno trecho a pé e pegou outro ônibus. Eram 2 horas.

Amanda seguia com seu filho, e a saga assemelhava-se a uma terrível diáspora que levaria os dois a algum lugar inteiramente desconhecido. A jovem acomodou-se dois bancos atrás de um homem de seus 40 anos. Quando já estava no meio da viagem, aproximou-se dele:

– Por favor, tome conta desta criança como se fosse seu filho ou seu irmão. A mãe morreu e ele não tem ninguém. Não diga nada a ninguém.

Amanda desceu do ônibus e nunca mais se ouviu falar dela. Seguindo sua sina, traçada por mãos ocultas, o menino Moisés não chegou a Macaé, e Amanda desapareceu como se nunca houvera existido.

**Deusamar lembrava-se** da tristeza da amiga que buscou de forma incansável descobrir o destino de Amanda e de Moisés, sendo em vão todas as suas iniciativas. A única coisa que a consolava foi o sonho que tivera com os dois: Amanda estava à beira de um rio e segurava um cesto. Dentro havia uma criança envolta em uma manta. Amanda ajeitava a criança, e Ana Bola viu por entre os panos a estrela de davi brilhando no peito e o sinal de meia-lua no rosto branco do menino.

O tempo passara e nenhuma das mulheres do Matosinho esquecera-se do fato, pois o que acontecia na vida de uma delas reverberava na vida de cada uma das outras.

Chegando à Central, Deusamar seguiu seu caminho, pegou o ônibus para a Zona Sul e já sabia que presente daria a Ana Bola. Quanto à história de Moisés, havia uma névoa que nenhuma das mulheres do Matosinho conseguia decifrar.

Nesse mistério, o acaso, desconhecido por todos e de acordo com leis que operam entre o caos e a ordem, juntara Amanda a Hermes, que recebera em seu colo o menino Moisés.

Seguindo tão somente seu instinto, Hermes na mesma semana pedira uma licença de dez dias no trabalho e foi dirigindo até Mato Grosso, onde morava sua mãe. Antes havia telefonado:

– Mãe, é o Hermes, estou indo te ver e vou levando um presente. Tenho certeza de que você vai gostar muito. Tome a decisão que achar melhor. Mas saiba que é um presente dos céus.

Foi assim que o menininho Moisés nasceu pela segunda vez, em outra família, com outra vida, outro nome, outra história, cujas partes estavam em muitas mentes, mas cujo enredo completo ninguém sabia. Foi assim que Moisés tornou-se Antonino, renascido, como Dionísio da coxa de Hermes, e se foi, guiado por outros contornos do seu destino, compelido a viver uma nova existência.

# O TÚNEL DO TEMPO

**Através do vidro** do CTI observo minha mãe e outras pessoas que me olham. Estou de olhos fechados, como então consigo ver? Estou em sono profundo, anestesiado, mas percebo cada detalhe do que se passa, nada me escapa. Embora deitado, tenho uma visão total do lugar em que me encontro, como se não estivesse ali na cama, mas em algum ponto privilegiado do quarto que possibilitasse uma visão de 360 graus.

Tudo ainda está confuso. Vejo minha mãe, e ela está com amigas. Todos acompanham a movimentação no lugar. Danuza está com ela.

Meu nome é Antonino dos Santos Mori e lembro-me do desastre que me levou a bater com o carro na murada, na Linha Vermelha, e recordo-me da jovem que me disse chamar-se Sofia Luz e que, mesmo sem me conhecer, ficou comigo até a ambulância chegar. Mesmo sabendo do risco que corria, encostou seu carro perto do meu e me prestou os primeiros socorros. Lembro-me de que pedi a ela para segurar sua mão, como se me agarrasse à vida, e ela não me deixou um instante sequer, tal qual um anjo bom que aparecera para me dar forças. Em seguida, sem largar minha mão, pegou o celular e providenciou a ambulância. Se não fosse por ela e pela rapidez com que agiu, certamente eu teria morrido.

Tudo agora é muito estranho, sinto-me tomado pelo nada. Estou entrando num túnel longo e me sinto tragado por um vácuo que me puxa e me leva para outro lugar, como se fosse outra pessoa. Sou eu e, ao mesmo tempo, é como se estivesse assistindo a um filme, do qual não tenho controle. A fita está gravada e eu estou assistindo à cena mas, ao mesmo tempo, estou nela.

Por entre as árvores, vislumbro a gruta e entro nela. Sinto-me tomado pelo personagem. Eu e ele somos a mesma pessoa.

As cenas de horror que vejo são tão brutais que peço a Deus o dom do esquecimento, para não conviver com tudo isso.

Eu e outro ser estamos em meio às águas e ao sangue de um corpo que está para dar à luz, e repentinamente somos expelidos para o chão de um quarto escuro.

Eu chorava; de um ponto muito profundo dentro de mim mesmo eu chorava, e convulsivamente meu peito sacudia o CTI. Uma enfermeira aproximou-se e passou uma toalha molhada em meu rosto. O toque de sua mão me confortou um pouco e vi-me novamente no chão, onde uma jovem também jazia inerte, em meio aos ratos que comiam a carne da outra criança, que nascera comigo.

De repente, ouvi o grito da mulher que estava com uma espada cravada em seu ventre pela mão do soldado, o qual me segurava com a outra mão.

Nesse momento, ouço vozes distantes vindas de dentro do túnel, que novamente se demarca perfeitamente para mim.

– Volta, Antonino.

Então, fui arrancado dali por um furacão que me devolveu de volta ao quarto do CTI. Minha mulher rezava, lançando monstros no abismo, e eu cruzei de volta o mesmo túnel, enquanto ouvia ainda as vozes dos anjos que murmuravam, ladeando meu retorno:

– Volta, Antonino, você tem muita vida pela frente.

Recebi alta e nunca mais vi Sofia Luz, que entrou na minha vida para me salvar da morte e saiu sem que nunca mais pudesse encontrá-la.

Naquele momento, ainda no hospital, senti que minha vida mudara. Abri os olhos e senti algo novo pulsando dentro de mim, como se tivesse nascido outra vez, escapando da morte, por um caminho que se abrira e se fechara, e que permaneceria totalmente desconhecido para mim.

# Um jogo de xadrez com a morte

Chamo-me Irineu Lehman e estou escrevendo minha autobiografia. Quero deixar escritas as histórias de minha vida, algumas fantásticas, outras medíocres, mas todas com um toque surrealista. Ainda não dei ao texto uma sequência lógica, de modo que vou escrevendo conforme vou pensando. Hoje, sinto-me igual a todos os dias, nada destoa do cenário em que minha vida está mergulhada. Acumulei mais uma vitória sobre a morte. É sempre assim, como se eu jogasse xadrez com a encapuzada e, por meio de lances estrategicamente pensados e antecipados, conseguisse visualizar o caminho de volta do rio Estige.[1] Na verdade, venço Caronte[2] quando consigo resgatar a vida de alguém.

Sentado em sua sala no hospital, o Dr. Irineu entregava-se a seus pensamentos, cansado da batalha que tivera de travar contra a morte, como neurocirurgião. Estava escrevendo suas memórias, debruçado sobre a mesa e sobre si mesmo. Na verdade, o fato de Antonino ter-se acidentado em seu dia de plantão o abalara, e quando o rapaz chegou ao pronto-socorro, Irineu sabia que uma intensa luta iria começar, como se, numa mesma história fantástica, ele jogasse um jogo perigoso, no qual era, a um só tempo, parceiro da morte e da vida. Antonino era igual a centenas de outros que por ali já haviam passado e que não mobilizaram uma dobra sequer de sua emoção. No entanto, nesse caso, sentia que salvar aquele homem da morte representava uma terrível obrigação a cumprir.

Naquele sábado de setembro, quando o rapaz entrou no hospital, o médico pressentiu a luta que travaria consigo mesmo e com a morte, pois Antonino fora a pessoa que literalmente lhe roubara Danuza. Encontrar o jovem ali no hospital era realmente fantástico, e rever Danuza, que havia sido a mulher por quem seu coração vibrara e que estava mais bonita ainda, após quase cinco anos, teve sobre Irineu um efeito arrebatador. Lembrava-se do dia em que ela chegara e, em tom severo, lhe disse:

– Não posso mais continuar nosso namoro. Estou apaixonada por outra pessoa.

Tomado de sopetão pelas palavras de Danuza, Irineu ficou calado, não por emoção, mas por disciplina, que era sua característica mais marcante. Não respondeu na hora. Limitou-se a balançar a cabeça e deixou Danuza falar. Quando a jovem acabou de se explicar, ele murmurou:

– Seja feliz!

Estranho o fato de não ter sofrido, não ter chorado. Parecia feito de alguma substância estranha que lhe permitia, inclusive, fazer as cirurgias mais difíceis, ir a fundo nos abismos e, numa luta sangrenta, trazer de volta às alturas as almas renovadas para a luta.

Nada o abalava, nada o comovia. Operava crianças, jovens e adultos com a tranquilidade de quem cumpria um dever, sem nenhuma emoção. Era como a chama de uma vela, que confinada num quarto fechado não tremula.

Na época do casamento de Danuza, fez uma longa viagem ao sul. Não que estivesse apaixonado ou sofrendo, mas havia perdido uma jogada para a vida. Foi assim que se sentiu à época. Agora, vivendo essa trama estranha de operar aquele rapaz, sentia-se um deus, com a vida do rapaz em suas mãos. No entanto, era um jogador de vidas, e não perderia por nada aquela luta com a morte. Com certeza, traria Antonino de volta.

Na ampla sala dos médicos, o Dr. Irineu Lehman sentia-se cansado, após dois dias sem dormir, e deitando-se numa cama improvisada fechou os olhos. Sentiu o sono lhe envolvendo a mente, num torvelinho impossível de se controlar.

Abriu os olhos de novo e viu-se numa paisagem estranha, à entrada de uma gruta. Era noite, e junto com ele estavam vários outros homens, vestidos com roupas de milícia armada.

Irineu sentiu-se de repente arrastado pelo inconsciente e via-se em outro tempo, como outra pessoa. Os vestígios de outra consciência com outras lembranças tomavam conta dele por inteiro.

Sua consciência oscilava, ora estava na sala do hospital, ora em outro tempo. Ele se debatia entre os pensamentos, como se estivesse assistindo a um filme no qual ele mesmo era o protagonista. Seus pensamentos como que inundavam a sala onde dormia.

> Estou supliciando uma jovem, que chora de dor, de ódio, de medo, de tristeza, mas ninguém pode ouvir seus gritos. O carrasco sou eu. No meu sonho, vejo-a morrer pela espada, por minhas mãos. Não sinto pena, nem raiva, não sinto nada, apenas saio da cela segurando embaixo do braço uma criança.

Como se despertasse de um pesadelo, Irineu levanta-se num pulo. Ainda tomado pelo sonho, considera que tudo foi uma compensação do inconsciente para resolver a pendência mal-acabada com Antonino e Danuza.

A bem da verdade, logo depois da decepção com Danuza, Irineu conhecera Eleonora, amiga de sua irmã Laís, quando fora visitar uns amigos que haviam se mudado para o prédio onde ela morava. Três meses depois, casou-se com ela, uma verdadeira mulher, a única que o entendia e o aceitava como era, sem questionar, sem brigar, apenas mantendo-se a seu lado, como companheira inseparável. Com ela, sentia-se um ganhador, pelo menos por ora, pois a disputa com a morte é incessante, e Eleonora era a vida.

No jogo de xadrez com a morte, Irineu sempre oferecia novos lances e, dependendo da estratégia no tabuleiro, fazia surgirem novas oportunidades, numa luta sem tréguas. Eleonora sempre o apoiava, para ampará-lo, justificá-lo, perdoá-lo.

Irineu acordou do sonho ainda tomado por uma semiconsciência. Considerou ainda escrever no livro de memórias o sonho que tivera e suas explicações psicológicas, mas desistiu. Apenas registrou:

> Encerro por hoje minhas anotações, pois estou com muita fome. As lembranças do sonho, da tortura e de toda a briga que tive de travar, na luta com Caronte, abriram-me o apetite e só um bom bife suculento e malpassado me fará esquecer o sonho que tive e toda essa história, trazendo-me de volta à realidade desta vida.

# Nota

1. Na mitologia grega, os mortos devem atravessar o rio Estige para chegar ao mundo das trevas, mundo que representa o luto e a dor.
2. Caronte é o barqueiro que atravessa as almas de uma margem à outra do rio Estige.

# O ANJO RAFAEL

**Exatamente isto:** Eleonora conseguia trazer paz à vida de Irineu Lehman, e o seu encontro com ele foi uma obra do acaso, tecida pelo destino. Ainda solteira, advogada e morando no Leme, Eleonora era dessas moças que fazem amigos rapidamente. Era gentil, delicada e, ainda por cima, muito bonita.

Pela manhã, sua rotina repetia-se todos os dias: fechava a porta de casa e caminhava suavemente pelo corredor até o elevador. Escutava a algazarra das crianças no playground, um barulho que compunha uma sinfonia extraordinária, como prova da boa disposição infantil. Sentia seu próprio perfume no ar, violeta, e nos dias em que queria ficar em silêncio, ouvindo e respondendo apenas o indispensável, costumava usar um pouco mais de perfume, para afastar os maus espíritos e as tagarelices pouco produtivas. Nesses dias, abria a porta do elevador, dizendo para si mesma: "Quem dera que pelo menos uma vez eu pudesse me surpreender com um encontro diferente, mas que trouxesse o inesperado em minha vida, espantando o mal."

Eleonora perguntava-se: "Qual seria o objetivo de minha vida? Qual seria o objetivo de tudo isso? Que labirinto seria esse? Que tipo de intervenção isso exigiria?"

As perguntas sucediam-se em sua mente, e o que mais lhe incomodava não eram os acontecimentos, mas a percepção de que havia um padrão oculto a ser decifrado em toda a sua história de vida.

Já no elevador, demorou-se olhando-se ao espelho, ajeitando os belos cabelos negros, e sentiu como se houvesse outro mundo, cheio de vida e mistérios, um destino que ainda não tivesse se manifestado.

Ao chegar ao térreo, abriu calmamente a porta do elevador, cumprimentou o porteiro e saiu para o trabalho. Disse para si mesma: "Espero que essa dor não dure muito."

Nascida em Campos, Eleonora viera ainda muito nova para o Rio de Janeiro com sua família, indo morar no bairro de São Cristóvão, na rua São Januário. Os anos se sucederam, ela formou-se em direito e, embora tenha adquirido certo ar de grandeza, era uma moça simples, que completaria 34 anos em janeiro e que continuava acreditando no amor. Apesar de ser uma jovem romântica, tinha os pés bem no chão, e tão logo foi aprovada no exame da Ordem dos Advogados abriu com dois colegas um escritório na cidade, na rua da Assembleia, onde, na parte da tarde, atendia seus clientes. Pela manhã, três vezes por semana, trabalhava em uma firma em Niterói.

Após algum tempo de formada, foi morar em Ipanema e mobiliou a casa com móveis antigos, que comprara de um brechó chamado Que Coisa Antiga, cuja proprietária chamava-se Hélida Castilhos. Lembrava que, na época, vendeu para o mesmo brechó um objeto que ela chamava de Antonino: um relógio de pêndulo que tinha na portinha de trás esse nome, e que adquirira de uma família que se mudara de Ipanema para o Flamengo.

– Vou vender o Antonino – dissera para os colegas no escritório.

Ultimamente, Eleonora refugiava-se no trabalho e seguia sempre a mesma rotina, atravessando a baía quando precisava ir para Niterói. Já na praça XV, misturada à multidão que esperava a barca, e absorta em seus pensamentos, ponderava que merecia melhor sorte e que, com certeza, poderia ter negociado com Deus e com Hades, o que certamente faria dali em diante.

Entrou no catamarã, acomodou-se e enquanto esperava a embarcação partir olhava as marolas que batiam no casco, na barca que rangia seu gemido de ancorada no porto. Lentamente, deixou-se absorver pelas lembranças. Era ainda uma estudante quando, pela primeira vez, fora a Niterói a convite de Irineu, numa ensolarada tarde de domingo.

Irineu era um amigo excepcional. Pena que Eleonora não gostasse dele, e embora o jovem até já lhe houvesse proposto casamento, por ironia do destino a moça gostava mesmo era do Lemos, que estudava com ela no Catete e que queria ser delegado de polícia.

Naquele domingo, precisamente dez anos antes, Irineu a convidara para irem até Icaraí e, mesmo agora, depois de tantos anos, lembrava-se do cheiro da cidade, que exalava o perfume da primavera.

Irineu era um jovem piloto, viajava muito por vários países e gostava sinceramente de Eleonora. Não era aquela paixão avassaladora que ela sentia por Lemos, e ele por ela, mas um afeto calmo, companheiro, sobre o qual Eleonora dizia: "Se aceitar o pedido de Irineu, estarei casando com meu melhor amigo."

Havia muita camaradagem entre eles, e aquela tarde em Niterói foi realmente inesquecível: Irineu era todo atenção e cuidados com Eleonora, mas a jovem estava tomada por inteiro por Lemos, que a arrebatava e a fazia sentir-se mulher. Ela o amava para além de tudo que se possa imaginar ser o amor.

O catamarã ainda estava no meio da baía, e Eleonora continuou com suas lembranças, alimentando seus fantasmas.

Aquela fora uma tarde maravilhosa, e Irineu a levara até em casa, na rua São Januário. Ao chegarem, Lemos estava encostado ao muro, com o pé direito apoiado na parede, fumando um cigarro. Eleonora, ao vê-lo, reparou como ele era lindo em sua beleza morena. Quando a viu chegar com Irineu, Lemos aproximou-se, enlaçou-a pela cintura e deu-lhe um prolongado beijo na boca, como se dissesse com todas as letras para Irineu: "É minha." Com sua voz meio rouca, declarou:

– Esta mulher me deixa louco. Estou esperando por ela há três horas.

Lemos parecia o dono de Eleonora e agia como se assim fosse, e esse domínio a atraía. Mas, ao mesmo tempo, como se fosse uma doença, todo aquele sentimento tomava-a por inteiro, arrepiando-a e fazendo-a sentir-se simultaneamente diminuída e desejada, inteira.

Eleonora e Lemos ficaram abraçados por alguns poucos instantes, o bastante para causar incômodo a Irineu, que se despediu dizendo à jovem que ligaria quando voltasse da Inglaterra.

Passaram-se dois meses desde o encontro embaraçoso de Irineu com Lemos, e nesse período Eleonora descobriu que estava grávida, mas Lemos foi taxativo ao dizer-lhe:

– Pombinha, você vai ter que tirar essa criança. Caso contrário, tudo vai se desmantelar, pois não podemos ficar juntos agora. É melhor racionalizar. Eu amo você, confie em mim, mas agora é impossível uma decisão dessas. Eu conheço um médico na Penha, não vou poder ir com você, porque vou viajar a serviço, mas tenho certeza de que você vai ficar bem.

Foi assim que, contrariando sua vontade e descartando seus valores, ela dirigiu-se à clínica clandestina na Penha.

Após o exame médico, foi esperar na sala ao lado do consultório, e a atendente, vestida de branco, aproximou-se dela e disse:

– Parabéns, a senhora está grávida!

Achou de uma crueldade as palavras daquela mulher numa clínica em que só se fazia aquele tipo de procedimento.

Tirou a criança, ficou muito mal, física e psicologicamente. Compreendia que muitos casais optavam por esse caminho, mas tinha a ideia de que cada um deveria escolher com consciência o próprio destino, e ela fez tudo sem ter certeza de nada, sem consciência do todo. Sentia-se como se tivesse se perdido de si mesma e não ousasse reagir. Naquele momento, perdera-se para ela o sentido de decifrar o futuro.

Ficou em casa por alguns dias, enfraquecida pelos eventos e pela infecção da qual foi acometida. Nesse ínterim, recebeu a visita do amigo Irineu, que chegara de viagem e ao saber que a jovem estava doente e de cama logo fora visitá-la. Foi todo carinhoso com ela:

– Trouxe-lhe um presente, uma pulseira de lápis-lazúli, que vai ficar linda no seu braço, e não quero ver mais você nesta cama. Olha, retorno hoje para a Inglaterra e estarei de volta daqui a dois meses só para ver você e tornar a pedi-la em casamento. Dessa vez, se você aceitar, vamos sair do Brasil e morar em um subúrbio de Londres. Comprei uma casa num lugar aconchegante que você vai adorar. Pense se quer ir comigo, pois estou sendo transferido para lá.

Irineu abraçou Eleonora demoradamente e saiu. Alguns instantes depois, Lemos entrou pela porta do quarto de Eleonora, esfuziante:

– Espantei de vez esse tal de Irineu da sua vida. Contei a ele o motivo pelo qual você está de cama, que o filho que você ia ter era meu e que o melhor era ele não insistir para vê-la de novo, porque você é minha mulher e eu não tolero dividi-la com mais ninguém. Não quero outro homem em sua vida.

Eleonora sentiu um misto de tristeza, mágoa e alegria, impossível de se descrever e decifrar. Era como se sentisse a dor do coração de Irineu e, ao mesmo tempo, sentisse seu próprio coração radiante, pleno de amor por Lemos, que lhe correspondia, que a queria, que sentia ciúmes dela e que fazia tudo para afastar um possível pretendente. Era uma sensação estranha de dor e prazer, mas que, naquele instante, lhe deu forças para se curar. Queria procurar o amigo e falar com ele, explicar-lhe umas tantas coisas e, ao mesmo tempo, voltar à sua rotina com Lemos.

Lemos beijou Eleonora, fez uma série de elogios e promessas de como seria bom quando pudessem estar juntos de novo e, abraçando-a, despediu-se, dizendo-lhe que ia viajar novamente, a trabalho, e que voltaria em dez dias. Não voltou.

Os dias se passaram, Eleonora foi se recuperando, e depois de algum tempo estava bem. Telefonou para a casa de Lemos e ninguém atendeu. Insistiu outras vezes, nos dias seguintes, e nada. No sábado, foi até o apartamento dele na Glória e ninguém atendeu a campainha. O que teria acontecido? Estaria doente na casa da irmã? Será que algum problema mais sério o impedira de voltar de viagem? Resolveu ir no domingo à casa da irmã de Lemos, em Cordovil.

Nesse ponto de suas lembranças, o catamarã chegou a Niterói e Eleonora preparou-se para descer da barca, que estava cheia. A jovem custou a posicionar-se no corredor de saída do cais. Enquanto vagarosamente se dirigia à saída, os fragmentos de conversas das outras pessoas que estavam na barca entravam em seus ouvidos:

– Fale pouco, fale menos, não fale! Aprenda isso, menina, de uma vez por todas.

Desde criança Eleonora tinha o hábito de guardar fragmentos de frases que ouvia, como se houvesse sincronicidade entre as palavras e a situação que a estivesse incomodando naquele momento. Tudo começou com uma brincadeira com a irmã: "A primeira frase que ouvir é a resposta que procuro."

Eleonora ouviu a frase e guardou-a. Se não fosse agora, talvez mais tarde ou outro dia ela faria sentido.

Eleonora chegou ao ponto do ônibus para pegar a condução que a levaria à firma onde trabalhava como advogada: Cia. de Cimento e Ladrilhos Elvechia Borges. Já podia ter comprado um carro, mas detestava dirigir. Acomodou-se no ônibus e retornou às suas recordações.

Lembrava-se tão nitidamente, como se fosse hoje, que ao chegar à casa de Gerânia, a irmã de Lemos, um grande medo invadira seu coração. Será que receberia alguma notícia terrível, como a morte de Lemos?

Só poderia ser isso. Seu coração disparava, sua cabeça não mais raciocinava.

**Aguardou um pouco** na porta da vila onde ficava a casa de Gerânia, pois o portão estava fechado à chave e não havia interfone. Quando um morador entrou, ela aproveitou a oportunidade e passou junto, avisando que iria ao número 8, onde Gerânia vivia. Quando a irmã de Lemos viu Eleonora, recebeu-a com um ar de curiosidade, espanto e certo receio. Antes que Gerânia falasse, Eleonora disse-lhe por que estava ali:

– Não sei o que houve com Lemos, ele disse que ia viajar e voltava em dez dias. Sinto que alguma coisa aconteceu.

– Luis não lhe falou não? Ele se casou ontem em Belém do Pará e vai morar lá, porque a família da noiva tem negócios na capital.

Eleonora ficou perplexa, entorpecida, sem palavras, anestesiada pelo susto e pela raiva. E se perguntava: "Se Lemos não queria nada comigo, por que afastou Irineu da minha vida?" Por mais que repetisse milhares de vezes a mesma pergunta, não encontrava resposta alguma.

Nesse momento, o ônibus de Eleonora chegou ao ponto em fıente à firma e ela desceu, entrou no prédio, aguardou calmamente o elevador:

– Bom dia, seu Geraldo!

– Bom dia, doutora. Sempre bonita, hem? E perfumada!

Eleonora desceu no 14º andar e caminhou com suavidade até sua sala. Enquanto tomava um cafezinho, as lembranças voltaram. Decididamente, era um dia de reflexão, e a memória insistia em percorrer cada ponto dessa história.

Depois de tudo, nunca mais viu Lemos ou Irineu, e foi em frente com sua vida. Sofreu, mas conseguiu transformar todo aquele sentimento em força para continuar estudando e se formar. Teve outros namorados, pretendentes, alguns quase noivos, mas era sempre a mesma história:

“Estou confuso, porque com você eu sei que não posso só passar o tempo.”

“Olha, Eleonora, você é uma moça maravilhosa, o complicado sou eu, que não estou pronto para um relacionamento mais sério.”

“Vou voltar para a minha cidade natal e acho que é melhor você se sentir livre para tocar sua vida.”

Era sempre assim: um após o outro, seus discursos eram iguais. O mais incrível é que eram homens com mais de 35 anos. O que estava se passando com esses caras? Ou o problema era ela? Realmente, Eleonora não entendia. Sentia-se uma pessoa calma, discreta, amorosa, não era de ficar perseguindo os namorados, com cobranças ou ciúmes. Era tolerante, cuidadosa, lembrava-se de todas as datas, sempre presente, próxima, pronta a ouvir. Seria isso? Será que deveria mostrar-se autoritária e intolerante? Bom, seria difícil, porque não era essa sua natureza. Decididamente, parecia uma história de terror que não findava nunca, como se vivesse o mito bíblico de Sara e seus sete maridos. Na lenda, Sara era o grande amor de Asmodeus, o rei dos demônios, e somente com a intervenção do anjo Rafael, o Azarias, ela se libertou e pôde finalmente casar-se e ser feliz com Tobias, porque o anjo exorcizou o demônio.

Onde estaria seu anjo Rafael?

Nesse momento, um colega de trabalho entrou na sala de Eleonora, interrompendo-lhe os pensamentos, e entregou-lhe alguns processos, trazendo-a de volta à realidade. Eram 9 horas. Eleonora trabalhou até 13 horas. Quando deu a hora, fez novamente o percurso de volta às barcas. Aquele seria um dia pesado, pois tinha um cliente às 15 horas, mas, em compensação, não tinha de ir ao Fórum. Com certeza, daria tempo de comer um sanduíche. Deixaria a refeição mais saudável para fazer em casa, à noite, quando se esmeraria num prato de saladas e frutas.

Entrou na barca e acomodou-se em uma cadeira perto da janela, como gostava. Olhava as águas e o horizonte, quando, a seu lado, uma voz interrompeu sua quase reflexão:

– Querida Eleonora, mais bonita que nunca!

A jovem não conseguiu controlar o espanto. Sentado ao seu lado, Luis Lemos. A idade e alguns poucos cabelos brancos o haviam tornado ainda mais bonito.

Eleonora não conseguia emitir som algum. Estava muda, não conseguia falar nada.

– Vim ao Rio resolver uns negócios e queria muito encontrá-la, mas não sabia como. Você se mudou! Não sabe o que tem sido minha vida. Você foi a pessoa que me deu o sentido de viver. Eu queria muito falar com você, me explicar, pedir perdão. Não passa um minuto sequer que eu não me lembre de você. Você sempre foi minha querida.

Eleonora não dizia nada. Estava muda. Apenas ouvia.

– Vamos nos encontrar, fico no Rio até semana que vem. Estou no hotel Diamond, no Leblon. Qual é o seu telefone? Eu entendo que não queira me dar seu endereço, nem telefone. Tome meu cartão, ligue para mim. Você precisa me ouvir, eu nunca deixei de amar você. Foram as circunstâncias da vida, minha querida. Mas, agora, se você deixar, vou lhe mostrar o que é amor verdadeiro. Vou provar que a amo.

Luis Lemos estendeu a mão que segurava o cartão de linho levemente azulado. Eleonora pegou o papel e ficou segurando-o. Enquanto a barca encostava no cais, eles se levantaram e depois, calmamente, caminharam até a saída na praça XV. Luis Lemos despediu-se:

– Ligue, minha querida. Vou ficar esperando.

Eleonora não sabia o que dizer. Não tinha palavras. Atravessou a praça em direção à rua da Carioca, e ao passar por uma lata de lixo jogou fora o cartão de Luis Lemos, que, sem um amassado ou dobra, inteiro como estava, foi descartado. Finalmente, Eleonora estava exorcizando seus fantasmas.

– Fale pouco, fale menos, não fale!

Agora entendia e também se perguntava: "Por que o acaso lhe trouxe de volta Luis Lemos em vez de Irineu? Enfim..."

A tarde foi muito dinâmica, como sempre era a sua rotina: clientes, telefonemas, reuniões. Às 19h, preparou-se para voltar para casa. Pegou um táxi e saltou na porta do prédio, em Ipanema. Entrou no edifício e esperou o elevador, que demorou parado no sexto andar. Atrás dela entrou um rapaz que foi logo dizendo, em tom franco e simpático:

– Mora aqui? Meus amigos se mudaram ontem e hoje estão fazendo um open house para os mais íntimos.

Eleonora morava no décimo andar, e quando o elevador chegou ao sexto o rapaz desceu e alegremente lhe disse:

– Com certeza, volto outras vezes e vamos nos encontrar novamente. Qual o seu nome?

– Eleonora!

Enquanto a porta fechava, conduzida pela mão do rapaz, ele apresentou-se:

– Meu nome é Irineu. Irineu Lehman.

Seria permitido a ela decifrar essa brincadeira do destino? Quem sabe o anjo Rafael não estaria propiciando o viés do acaso em sua vida? Eleonora sabia que decifrar esse desenho era impossível. Juntar os fragmentos caóticos numa peça ordenada fugia ao seu conhecimento. O melhor era seguir em frente, refletir sobre tudo, aprender e esperar que a ocasião revelasse que alguma coisa havia mudado em seu mundo.

# Ranael – O anjo feminino

**Meu nome é Ranael,** sou um anjo feminino e, acredite, somos muitas. Minha função é operar entre os mundos espiritual e material articulando as solicitações das pessoas, seus pedidos. Junto com Tzanael, venho há séculos trabalhando neste ofício que me foi designado por Deus. Devo dizer que não tem sido uma tarefa muito fácil para um anjo feminino.

Primeiro, verificamos o pedido, para ver se e como pode ser atendido. Quando a resposta é positiva, iniciamos nossa pesquisa para saber quais espíritos de luz deverão ser contatados para nos ajudar na tarefa de sensibilizar as pessoas que na Terra estão diretamente ligadas à realização do pedido. Somos uma equipe de anjos e humanos, mas estes não têm consciência do fato. E creio que não é mesmo para ter.

Quando digo que não é uma tarefa simples é porque precisamos de muito equilíbrio para executar nosso trabalho. As pessoas costumam achar que, quando não são atendidas, é porque Deus não as ouviu ou porque Ele não existe, ou, ainda, porque não merecem. Nossa tarefa também é permanecer ao lado das pessoas e confortá-las, insuflar-lhes a paciência. E é exatamente neste ponto que falhamos na maioria das vezes. Falta conexão. O fato é que, quando as pessoas rezam, nós estamos lá para ouvi-las, mas quando queremos falar com elas, nem sempre temos muito sucesso, pois elas simplesmente não nos escutam.

Outra questão importante é que o tempo para nós tem uma medida diferente. Não há o tempo cronológico: não trabalhamos com Kronus, mas sim com o tempo oportuno, Kairós, que tem a ver com a maturidade, com o momento propício, com reunir as variáveis e as pessoas que vão dar conta da solução do problema que nos foi pleiteado.

Às vezes, parece que demoramos a atender, mas, na maioria das vezes, o que ocorre é que a questão é complexa e envolve muitas pessoas até ter o caso todo montado.

Quando o assunto em alguma de suas pontas envolve alguém no futuro ou no passado, temos de chamar o Anjo Guardião do Tempo, e, nesses casos, é bom termos uma boa justificativa, porque se não o assunto será negado.

Tzanael vem chegando e parece trazer alguma informação importante. Está preocupado.

– O que houve, amigo?

– Tenho um pedido das altas esferas para você. Na verdade, uma ordem.

– Não se preocupe, daremos conta. Sabe, Tzanael, eu estava aqui pensando sobre o que é a fé. A fé, para mim, é a liberdade de Deus. Se você acredita num Deus livre, sabe que Ele tem autonomia para resolver o assunto. A fé implica pedir e esquecer, mas com a certeza de que Deus fará tudo por você. Uma coisa que os humanos esquecem é que a fé não pode ser reativa, isto é, não pode surgir do momento. Pelo contrário, ela é a síntese de uma vida, é construída diariamente; fé é antecipação, é vivência espiritual, é atenção, confiança e entrega.

– Gosto do jeito como você vê as coisas. Com certeza, vou sentir sua falta.

– Não estou entendendo. O que há? Qual é a informação que você traz?

– Ranael, nós estamos juntos há centenas de anos, mas chegou a hora de uma nova missão para você. O Guardião do Tempo lhe solicitou um novo nascimento. Então, como é de praxe, vou acompanhá-lo até o Túnel da Vida e da Morte, mas terá de atravessá-lo em silêncio. Não tenha medo, pois tudo que lembrar pertence a vidas passadas, mas quando cruzar o túnel gradativamente irá esquecendo; uma bênção que Deus dá a todos, para que possam desenvolver melhor a própria capacidade, sem pressão, com o livre-arbítrio, para o desenvolvimento pleno de sua potencialidade.

Tzanael conduziu-me até a entrada do Túnel da Vida. Havia uma movimentação diferente, como se muitos anjos fossem fazer aquela passagem. Com certeza, algo muito especial iria acontecer no futuro, um evento de envergadura, no qual se precisaria de um exército de anjos travestidos de homens e mulheres. E eles nem se lembrariam do que haviam sido antes. É assim o sistema. Somos soldados, servidores vigilantes, anjos e humanos, todos a serviço da glória da luz divina.

Entrei no túnel e caminhei por um bom tempo, até que as lembranças vieram à minha mente. Vi-me no ventre de uma mulher que me expelia de seu corpo, ouvi meu choro e o choro de outra criança. Meu corpo jazia no chão e eu sentia a dor na carne e na alma por conta das mordidas que recebia de animais rastejantes. De repente, ouvi um grito da mulher e vi um homem que lhe atravessava o ventre com uma espada, trazendo ao colo outra criança. Nesse momento, em que a dor golpeava meu corpo e minha alma, atravessei a luz.

A experiência de passar pelo Túnel da Vida e da Morte não é nova para mim, mas dessa vez estou sendo seguida de perto por Tzanael. Sinto que estou perdendo as imagens do sonho, e uma nova consciência está nascendo em mim; sinto as dores do nascimento. Estou em meio a uma explosão, rompendo a barreira das águas, atravessando a barreira do tempo para surgir de novo no mundo material e viver outra experiência. As lembranças dessa outra vida estão desaparecendo da minha mente, todo o corpo me dói, sinto-me sufocar, não sei se é nascimento ou morte, sinto que estou me afogando.

O tempo agora é a essência de tudo, e o que vou descortinar é parte de algo que me transcende. Não sei mais quem sou, tudo desvanece, e eu atravesso o túnel; algo muito maior do que eu e que, por ora, desconheço fez desaparecer toda lembrança de minha consciência.

# Tzanael – Anjo da paz

**Naquela semana**, na fazenda que lhe coubera como parte da herança de seu pai, Sofia Luz sentiu-se como na metáfora do indivíduo dividido: uma parte dela ficara para trás, enquanto a outra seguira em frente, pelos caminhos da vida. Hoje, ali sentada na varanda, ela tentava juntar os pedaços de sua alma, que, aos 33 anos, parecia ser um fantoche engraçado do qual uma das metades era pequena e franzina e a outra, enorme, de músculos muito desenvolvidos. Uma alegoria em que nenhuma das partes – nem o todo – representava o potencial desenvolvido ao longo de toda a sua vida. Lembrava-se de Cecília Meireles e pensava: "Eu não tinha este coração que nem se mostra. Eu não dei por esta mudança, tão simples, tão certa, tão fácil: – Em que espelho ficou perdida a minha face?"

A jovem olhava o céu coberto de estrelas e preparava-se para voltar para o Rio de Janeiro. De repente, uma estrela cadente cruzou o céu, num espetáculo de "air race" jamais divisado por olhos humanos, deixando para trás um rastro de luz, como se fosse a cauda de um cometa que anunciasse o início e o fim do mundo.

Lembrou-se de bá Lourdes, que ensinava a todas as crianças da fazenda que diante de um espetáculo desses cada um devia fazer um pedido, porque os anjos estavam ouvindo e, de onde estivessem, viriam ao seu encontro e lhe responderiam. Mas ela advertia: "Nunca peçam só por vocês, peçam pelo mundo também." Sofia, então, fechou os olhos e disse a si mesma:

– Quero viver minha vida, encontrar o verdadeiro caminho, ser feliz e completar meu destino com alegria e sabedoria. Se algum anjo estiver me ouvindo, peço que leve este pedido às mais altas esferas da vida e me abençoe, a mim e a humanidade, e que me traga um amor verdadeiro e também paz e justiça a este mundo.

Tzanael, o anjo da paz, que passeava pela Terra, ouviu aquelas palavras e movimentou-se em direção a quem as proferia, num grande mistério que só quem acredita pode viver. O anjo viu o céu de Goiás, as estrelas brilhantes, viu Sofia na varanda, vislumbrou toda a sua vida, presente, passado e futuro, e voltou à sua posição original, com um sorriso escondido no canto dos olhos.

No dia seguinte, depois de semanas depurando sua alma, Sofia Luz voltou ao Rio de Janeiro. Ao seu lado no avião sentou-se um jovem de cabelos grisalhos, pe le morena, e cuja beleza chamou sua atenção.

– Com licença, meu nome é Pedro Albuquerque Love, faço sempre esta viagem e detesto fazer o percurso em silêncio. Incomodo?

– Não, absolutamente. Também gosto de conversar.

A viagem transcorreu tranquila e a jovem soube que ele era joalheiro, filho de ourives, e acabara de chegar da Itália, onde passara as férias. Trocaram telefones, e teve início um novo ciclo de eventos na vida de Sofia Luz e de Pedro Love.

De alguma forma, ela pressentiu que se haviam concluído alguns processos em sua vida. Sofia conquistara coisas, mas agora tinha novos ideais. Sentia o prenúncio de uma nova jornada, numa vaga sensação de que poderia alcançar novos objetivos.

De um ponto infinito no universo interior Tzanael, o anjo da paz, que a tudo observava, atento, passeando seus olhos sobre o mundo, tirou as sandálias dos pés e abençoou o casal, concedendo-lhes paz, na salvaguarda de todos os esforços até ali empreendidos.

# O COMEÇO E O FIM DO DESTINO INDIVIDUAL

**O acaso é assim:** traz consigo o começo e o fim do destino individual. Nesse viés traz Jovita Neves, uma bonita jovem que estava estudando pedagogia e que era a quase noiva de Pedro Love.

Que leis ocultas atuam na vida de cada um juntando os fios de outras meadas? Não havia respostas concretas, e por esse motivo, apesar de ter muitos pretendentes, Jovita ainda não se decidira por nenhum deles, pois amava sua independência. Havia o Edmundo Cravo, um bancário que estudava administração; também o Marco Aurélio Peixoto, que trabalhava na Petrobras; tinha Pedro Love, um jovem que era seu vizinho, e o Antônio Duarte, seu amigo de infância.

Depois de conversar longamente com Eleonora Bastos, sua amiga, Jovita decidira aceitar o pedido de Pedro Love, não que tivesse sido influenciada pela amiga, mas pela inteligência e ternura do rapaz. Telefonou para Pedro e combinaram de almoçar na quinta-feira. Ele trabalhava numa joalheria em Ipanema, e marcaram o encontro em um restaurante na Cinelândia.

Naquele dia em especial Jovita preparou-se com esmero. Sentia que esse era um daqueles dias cujos eventos trazem nova direção à vida. Também era um dia muito especial, pois namorar com Pedro poria fim a certa intranquilidade que sempre lhe traziam os relacionamentos.

Quando o ônibus parou no ponto próximo ao Lido, entrou um jovem adulto, que se sentou dois bancos à sua frente. Jovita distraiu-se com a paisagem e os fatos que aconteciam fora do veículo.

De repente, o jovem levantou-se e, segurando uma pistola, anunciou o assalto:

– Joguem dinheiro, celular e relógio no chão e fechem os olhos, que eu vou apanhar. Quem abrir os olhos eu mando bala.

Instintivamente, Jovita levantou-se, e não houve tempo para mais nada. Ouviram-se dois disparos, vindos da parte de trás do ônibus. O primeiro tiro atravessou o vidro da frente do veículo e perdeu-se, enquanto o segundo atingiu as costas de Jovita, que sentiu uma forte dor na coluna, desmaiou e caiu. O ônibus parou e os poucos passageiros desceram. O homem que havia disparado saiu a pé pela avenida Nossa Senhora de Copacabana. O rapazinho que anunciara o assalto sumiu também. Só Jovita continuou caída no chão do veículo.

No dia seguinte, os jornais falavam do acontecido. O assaltante era do morro do Matosinho, uma das favelas de subúrbio da cidade do Rio de Janeiro. Havia sido preso e seu nome era Lucas Tamir. Os jornais traziam a foto de sua mãe, Deusamar, que, chorando, pedia perdão à jovem Jovita Neves.

Tzanael, o Anjo da Paz que passeava pela Terra a serviço da Luz, viu de perto o acontecido e chorou com Deusamar. Quanto a Jovita, ele sabia que seu destino iria mudar, pois a nova trajetória traçada pelo acaso a levaria para muito além do seu confinamento atual.

A partir desse fato inesperado, uma grande mudança operou-se na vida de Jovita Neves, que ficou paraplégica. A jovem não se casou com Pedro Love, que em vão esperara por ela no restaurante da Cinelândia e só mais tarde soubera do ocorrido.

Após restabelecer-se, Jovita resolveu abandonar o curso de pedagogia e transferiu-se para a área de direito. Especializou-se em patentes e, quando se formou, fez vários concursos públicos e outros tantos internacionais, até ser aprovada para trabalhar como advogada na ONU.

Casou-se com Adolfo Singer, e em uma viagem à Índia adotou uma criança – um menino chamado Kalidsa. Três anos depois Jovita descobriu que estava grávida e meses depois deu à luz a Vânia.

Mesmo após viajar pelo mundo inteiro, Jovita ainda fica perplexa diante de tudo que lhe ocorreu. Sabe que o inesperado é um evento fora do contexto imediato, mas que pode mudar repentinamente a vida de todos, indicando em seus meandros o início e o fim do destino individual. Tem consciência que estar preparado é impossível, viver como se de nada soubesse é loucura, interceptar o acaso antes que ele aconteça, exorciza o mal, mas também o bem. Sua vida era prova de que há um fio invisível conduzindo os destinos, misturando os roteiros.

O acaso conecta vidas e muda as trajetórias. "Eu sou uma tela e oculta mão colora alguém em mim."[1]

Como viver nessa roda que é a própria vida? Que respostas dar à esfinge que continua na estrada fazendo perguntas, se as perguntas e as respostas ainda estão sendo tecidas e nada existe pronto e acabado? Se os destinos ainda estão sendo traçados, quem escolhe o desenho final em que finalmente todos se apresentarão em cena para o grande espetáculo? Que oculta mão dirige a peça?

Jovita tinha a consciência dessa ecologia que faz surgir o acaso como obra mais fantástica Daquele que cria tudo e permanece oculto como parte do processo individualizado e, ao mesmo tempo, interativo, para a realização completa do ser humano.

# Nota

1. Trecho do poema "Passos da cruz", de Fernando Pessoa.

# Vitória

**Depois do acidente** na Linha Vermelha, em que fora salvo graças a Sofia Luz e à perícia do Dr. Irineu Lehman, Antonino Benayon saiu do hospital sabendo que nascera de novo e percebia em si mesmo uma ânsia de renovação que nada poderia conter. Todo o seu corpo clamava por um novo caminho, uma nova organização em sua vida. Era como se ele trouxesse algo de muito precioso dentro de si e cujo conhecimento só poderia ser acessado agora.

Casado com Danuza há cinco anos, não tinham filhos ainda, e durante sua permanência no hospital, algumas vezes, delirou imaginando-se ao lado de seus rebentos. Acordava suando e ficava em dúvida sobre onde estava, quem era e se tinha filhos ou não. Quando caía na realidade, dava-se conta de que algo estava faltando em suas vidas e prometia a si mesmo que, se saísse vivo daquela experiência, buscaria compreender um pouco mais sobre seu papel nesta vida.

Helena Benayon dirigia o carro que os levou para casa e sentia-se muito feliz, afinal, seu filho estava ali, renascido, de volta à vida.

Passaram-se seis meses até que, em uma quarta-feira de setembro, Danuza foi com Helena fazer umas compras no Centro da cidade e pegar o exame de sangue que fizera na véspera, pois desconfiava que estivesse grávida. Entraram no laboratório, e depois que Danuza apanhou o envelope com o resultado foram tomar um cafezinho e bater perna.

Quando Danuza abriu o envelope, não coube em si de tanta alegria. As duas se abraçaram ali no largo da Carioca, daquele jeito que as amigas que não se veem há muito tempo fazem: rodando e balançando o corpo de um lado para o outro.

A partir daquele dia, a família dedicou-se a fazer todos os preparativos para receber a criança tão esperada. E quando chegou o dia de Danuza se submeter à ultrassonografia estavam todos prontos para as respostas, pois já amavam aquele bebê. Quando souberam que seria uma menina, ficaram numa alegria só.

Os meses se passaram e finalmente chegou o grande dia 18 de julho, e Helena Benayon e Antonino levaram a futura mãe para o hospital. À tarde, Danuza entrou em trabalho de parto e, na sala de cirurgia, o que aconteceu não foi visto por ninguém, pois se passava num plano que a visão do ser humano não alcança.

Cercada de vários anjos, Danuza dava à luz uma menina de nome Vitória, mas seu nascimento foi precedido do mais belo ritual angelical.

Atravessando o Túnel da Vida e da Morte, nascia de novo um ser que cruzava o turbilhão de luz, rompendo a barreira das águas e, em meio a uma explosão, o anjo Ranael atravessava a barreira do tempo para surgir de novo no mundo material e viver uma nova experiência.

Nascia como uma estrela brilhante, como mulher, e, ao cruzar o túnel, gradativamente foi se esquecendo de suas origens, mas carregava em si potencial a ser reconhecido e trabalhado: sua vocação.

Tzanael, o Anjo da Paz, que a tudo acompanhava, abençoou Vitória quando esta atravessou a luz e quando deu o primeiro grito para a vida. Abençoou também sua família, que, misteriosamente, era a mesma e também outra, porque tudo muda, no tempo oportuno, para permanecer sempre o mesmo.

Tzanael sabia que dali para a frente tudo seria um grande mistério, que só Vitória poderia desvendar se ultrapassasse a cultura e os preconceitos que certamente a cercariam. Mas sua estrela brilhava, e Tzanael foi designado seu anjo da guarda.

Qual será seu destino? Só ela irá descobrir, nos caminhos por onde andar. Tal qual Salomão na luta com o demônio Asmodeus,[1] Ranael, agora Vitória, perdeu a coroa e o anel, e as marcas angelicais se apagaram de sua fronte. Está perdida no deserto da vida, mas terá todas as oportunidades para resgatar o anel de sua sabedoria.

Olhando através do vidro do berçário, Helena Benayon observava Vitória, e num gesto instintivo juntou as duas mãos e levou-as até as narinas, aspirando suavemente o perfume que de toda ela recendia: Narciso Negro. Viu as escadas repletas de anjos que se revezavam nas saudações à menina e percebeu do mais profundo do seu ser que a Cabala estava viva, aberta a novas histórias, a novos acasos, renascida, recebida e eternamente concebida. Era quinta-feira, 15h35.

Helena sabia que, como o rei Salomão, Vitória está perdida no deserto, do qual só sairá se conseguir encontrar as chaves mágicas do conhecimento. Com elas, chegará à descoberta de si mesma, num caminho solitário que terá de percorrer por conta própria, pois somente dessa forma e no silêncio se desvendam os fios do acaso na vida de cada um.

# Nota

1. Asmodeus é o rei dos demônios e conta a mitologia judaica que Salomão desejava obter a sabedoria que ele possuía. Numa terrível aliança, Asmodeus engana Salomão, dizendo que vai lhe mostrar todos os seus domínios e ensinar tudo o que sabe, se o rei lhe der seu anel. Salomão, obcecado por obter sabedoria, entrega-o, ansioso por conhecer os domínios das trevas. Asmodeus, de posse do anel, sopra o rei para os confins do deserto e lança o anel para o meio do oceano. O rei perde a coroa, o anel e a identidade, e após vagar pelo deserto durante muito tempo, finalmente encontra em uma praia pescadores que lhe oferecem um peixe. Ao abrir o peixe, Salomão encontra o anel, e toda a sua realeza lhe é devolvida. Salomão retoma seu destino de rei de Israel e Asmodeus, diante do acaso, retira-se para as mais altas montanhas do Egito.

   Na mitologia judaico-cristã, Asmodeus é o demônio que se apaixona por Sara, noiva de Tobias, e mata um a um, cada um dos sete pretendentes de Sara, até que Tobias, protegido pelo anjo Rafael, que toma o nome de Azarias, acaba com essa magia usando uma pasta de figo que coloca para queimar no toucador de Sara. Desde esse feito, da mais alta consideração cabalística, Asmodeus se retira, e Sara pode casar-se e consumar seu casamento com Tobias.

   Na mitologia grega, associa-se Asmodeus a Hades.

Este livro foi composto na tipologia Minion,
em corpo 11,5/17,4, e impresso em
papel off-white 80g/m², no Sistema Cameron da
Divisão Gráfica da Distribuidora Record.